KB180136

4차 산업혁명의 패러다임

무엇을 준비하고 어떻게 대비할 것인가

4차 산업혁명의 패러다임

무엇을 준비하고
어떻게 대비할 것인가

장성철 지음

모아북스
MOABOOKS

오피니언 리더가 **공감하며 추천하는 글**

4차 산업혁명이 어떻게 진화하고 있는지에 대한 날카로운 분석이 담겨 있다. 지금 비즈니스 세계가 어떻게 변하고 있는지 알고 싶다면, 이 세상을 통찰력 있게 바라보고 싶다면 이 책을 권한다. 특히 중소기업 경영자의 시각을 탁 트이게 해주는 대목이 많다.

—**김송호** (사)중소기업경영자협회 회장

현재 상태를 유지하고만 있거나, 그저 사라지지 않고 버티고 있는 것만으로는 이 냉혹한 시대에 생존할 수 없다. 이제는 오직 성장만이 생존이라고 할 수 있다. 변화의 속도를 따라잡고 싶은 이들에게 적극 권한다.

—**김종수** 김종수성공아카데미 대표

이 책은 미래를 바라보고 싶은 이들을 위한 것이다. 개인, 기업, 리더 차원에서 과연 '앞으로 다가올 것'이 무엇인지 생각하게 한다. 그러면서도 성공과 실패의 가치, 인간다움의 깊은 의미, 다음 세대를 위한 새로운 통찰과 전망을 다루고 있다.

—**유종근** 평택대학교 총장 / 전 전북도지사

근본부터 변하지 않으면 조금도 변할 수 없는 세상이 됐다. 세상의 흐름이 너무나 빠르고 너무나 거대하기 때문이다. 기업과 리더들에게 금과옥조 같은 메시지를 담은 책이지만, 개인으로서 발전과 심기일전의 실마리를 찾을 수 있어 더 가치 있다.

—**윤국** 인천대학교 석좌교수 / 전 육군수송사령관

이 책에는 성공한 기업과 성공한 리더에 대한 이야기가 많이 나오지만 실패한 기업, 실패한 리더, 사라져간 산업, 잃어버린 가치에 대한 에피소드도 풍부하다. 성공에서 배우는 것도 중요하지만 실패에서 타산지석의 묘미를 느낄 수 있게 해준다.

—**이의현** 대일특수강 대표 / 전 서강대경영대학원총원우 회장

4차 산업혁명으로 대표되는 거대한 변화의 물결이 경영인들을 긴장시키고 있다. 모두가 인공지능, 플랫폼, 사물인터넷, 빅데이터 등 화려하고 낯선 최신 기술 용어를 말하지만, 그것들을 만들어내고 적응하는 주체는 바로 사람이다. 이 책은 바로 그 지점을 정확하게 짚고 있다.

—**최세규** 한국창조경영인협회 회장

왜 지금인가?

"혁신은 연구개발비와는 아무런 상관이 없습니다. 애플이 매 킨토시를 세상에 내놓았을 때 IBM은 애플보다 최소 100배 이 상의 연구개발비를 투자했습니다. 혁신은 돈 문제가 아닙니다. 혁신은 당신과 함께 일하는 사람들과 그 사람들을 이끄는 리더 십에 따라서 얼마나 결과를 얻느냐에 달렸습니다."

1998년, 스티브 잡스가 미국 종합경제지〈포춘〉과의 인터뷰 에서 한 말이다. 그로부터 9년이 흐른 2007년 10월 15일, 잡스 가 특별한 프레젠테이션을 진행했다. 그 자리에서 세상이 뒤집 어졌다. 상상도 못했던 스마트 기능을 탑재한 아이폰을 내놓은 것이다.

"때때로 혁신 제품이 모든 것을 변화시켰습니다. 그리고 애플이 함께해왔지요. 자, 우선 당신이 이런 혁신 제품과 함께 일할 수 있다면 매우 운이 좋은 겁니다. 애플은 매우 운이 좋았습니다. 세상에 몇 가지 혁신 제품을 선보였으니까요. 1984년에 우리는 매킨토시를 선보였습니다. 매킨토시는 애플을 변화시킨 데 그치지 않고 컴퓨터 산업 전반을 변화시켰습니다. 2001년에 우리가 선보인 아이팟은 단지 음악을 듣는 방식만 변화시킨 것이 아니라 음악 산업 전반을 변화시켰습니다. 자, 오늘 애플은 세 가지 혁신 제품을 선보일 겁니다. 첫째는 터치스크린으로 작동되며 넓은 화면을 가진 아이팟, 둘째는 혁신적인 모바일폰, 그리고 셋째는 획기적인 인터넷 접속장치입니다. 하지만 이 세 가지는 저마다 분리된 장치가 아닙니다. 한 군데로 모여 하나의 제품이 되었지요. 바로 아이폰입니다."

이렇게 열린 스마트폰 시대는 단지 통신수단만 변화시킨 것이 아니라 사람들의 생활 패턴을 송두리째 바꿔놓았다. 어떻게 이런 일이 가능했을까?

지금껏 남들이 하지 않은 생각을 하고 그동안 자기가 해보지 않은 일을 했기 때문에 가능한 기적이었다. 새로운 생각이 새로운 결과를 낳은 것이다. 이처럼 새로운 생각과 행동으로 혁신을 일으킨 사람들은 대개 당대에는 미치광이로 놀림을 받지만 후대에는 위대한 혁신가로 존경을 받는다. 그들이 세상을 바꿔왔다.

진정한 혁신가는 수박 속에 있는 씨만 보는 게 아니라 씨 속에 있는 수박을 볼 줄 아는 사람이다. 수박 속에 들어 있는 씨야는 누구나 볼 수 있지만 싹이 돋기 전에 씨 속에 수박이 들어 있을 줄 누가 알겠는가.

어떤 혁신의 씨앗은 수백 년이나 묵혔다가 천신만고 끝에 싹을 틔우기도 한다. 라이트 형제는 하루아침에 뚝딱 비행기를 만들어낸 것이 아니다. 하늘을 날고자 하는 인간의 꿈은 이미 수백 전부터 씨앗으로 여물어 싹을 틔울 준비를 하고 있었다. 이순신의 거북선도 이미 여말선초에 구상되어 씨앗이 뿌려졌기에 비로소 싹을 틔울 수 있었다. 자동차 역시 바퀴라는 씨앗이 마련된 이래 수레와 마차를 거쳐 수천 년의 꿈이 실현된 것이다.

경상남도 함안의 연지蓮池에 가면 '아라 홍련'이 있다. 예전에 함안이 아라가야 지역이라서 붙은 이름이다. 2009년 5월, 함안 성산산성에서 발견된 연 씨앗 10개 가운데 표본 2개를 골라

물에 담근 지 닷새 만에 싹이 텄는데, 하나는 650년 전, 다른 하나는 760년 전의 씨앗으로 생명력은 무려 1만 년에 이른다고 한다.

이처럼 씨앗이 가진 가능성은 무궁무진하다. **우리에게 가장 필요한 것은 혁신 마인드라는 씨앗이다.** 우리는 이미 4차 산업 혁명 시대를 맞고 있다. 혁신이 일상이 될 이 시대를 여는 키워드는 변화다. 끊임없이 변화를 받아들이고 창조해야 한다. **변화만이 살 길이다.**

인류는 이미 앞서 세 차례의 거대한 혁명을 겪었다. 첫 번째는 1만여 년 전에 메소포타미아 지역에서 시작된 **신석기혁명**이다. 채집과 수렵에만 의존하던 인류가 농경과 목축을 시작한 사건으로, 인류가 비로소 다른 동물들이 흉내 낼 수 없는 생활 방식으로 나아간 최초의 일이다.

두 번째는 18세기 후반에 영국에서 시작된 **산업혁명**이다. 유럽을 근대화시킨 이 혁명은 사회와 산업 전반의 구조를 바꿔놓은 천지개벽의 변화로, 서세동점西勢東漸의 결정적인 변수로 작용했다. 산업혁명의 절정은 20세기 초에 포드 자동차가 도입하여 본격적인 대량생산의 시대를 연 컨베이어벨트 시스템이다.

세 번째는 20세기 중반에 컴퓨터가 출현한 이후 시작되어 후반부터 꽃을 피운 **정보통신혁명**이다. 이로써 아날로그를 초월한 '디지털시대'가 열렸고, 이를 기반으로 희대의 천재 스티브 잡스가 '스마트시대'를 활짝 열었다.

인류의 두 번째 거대한 변화인 산업혁명은 몇 번의 파고를 넘어 지금도 진행중이다. 18세기 후반에 증기기관의 발명과 함께 영국에서 시작된 1차 산업혁명, 19세기 후반에 전기의 사용과 함께 시작된 대량생산과 자동화의 2차 산업혁명, 20세기 후반에 인터넷을 기반으로 한 정보통신기술의 3차 산업혁명을 거쳐 현재 4차 산업혁명이 진행되고 있다. 인공지능AI, 사물인터넷IoT, Internet of Things, 빅데이터big data, 블록체인block chain 기술로 설명되는 4차 산업혁명은 공장에서 2차 산업혁명의 상징인 컨베이어벨트를 걷어내고 그 대신 빅데이터를 탑재한 정보통신기술을 입히는 것이다. 소품종 대량생산에서 다품종 소량생산으로, 나아가 개별 맞춤 생산으로 가는 스마트 혁명이 바로 4차 산업혁명의 핵심이다. 독일의 지멘스 공장이 그 첫 사례로 꼽힌다.

이처럼 과학기술의 눈부신 발달에 따라 기업들도 급격한 변화를 겪고 있다. 그런 가운데 혁신에 뒤떨어진 기업은 제아무리 세계적인 규모의 기업일지라도 예외 없이 앞줄에서 밀려나 쇠퇴하다가 사라진다. 미국 경제전문지 〈포브스〉가 해마다 선정하는 '글로벌 100대 기업' 판도를 보면 더 분명하다. 리먼브러더스가 파산하기 전인 2007년에 글로벌 100대 기업에 이름을 올린 기업 중 절반이 넘는 59개사가, 겨우 10년이 지난 오늘날 100대 기업에서 사라졌다. 그 빈자리를 4차 산업혁명을 주도하는 혁신적인 기업들이 메워가고 있다.

주가총액 기준 글로벌 10대 기업 가운데 8개 기업이 혁신으로 먹고사는 IT·모바일 기업이다. 전통의 제조업은 하나도 없고 다른 분야에서는 제약·바이오와 금융에서 겨우 하나씩 8위, 10위에 턱걸이로 이름을 올리고 있는데, 그 자리도 머잖아 혁신 기업이 차지할 것이다.

기업 환경의 변화에 따라 당연히 기업의 리더십도 근본부터 변화하고 있다. 대량생산 시스템 환경에서 일사불란함이 강조되던 불도저식 리더십으로는 더 이상 기업이 발전, 아니 생존할 수 없게 되었다. 혁신이 더욱 강조되면서 기업에 필요한 인재상이 전혀 딴판으로 바뀜에 따라 리더십도 바뀔 수밖에 없게 된 것이다.

이제 시대는 바야흐로 4차 산업혁명의 파고에 휩쓸려들고 있다. 기존의 아날로그적 사고방식과 타성에 젖은 대처 방식 그리고 구태에 갇힌 권위적인 리더십으로는 기업을 일으킬 수도, 보존시킬 수도, 발전시킬 수도 없다. 하루만 멈춰도 퇴보하게 마련이고 하루만 묵혀도 구닥다리가 되고 마는 시대다.

'구태의연한 잔소리'로 치부되던 고전 속에서 오늘날 기업에 절실하게 필요한 혁신의 최고 화두가 발견되고 있으니 놀랍다. "진실로 하루가 새로워지려면 나날이 새로워지고 또 날로 새로워져라苟日新, 日日新, 又日新"라는 경구는 은나라 탕왕이 세숫대야에 새겨두고 매일 아침 가슴에 새겼다는데, 주희가 주해한 《대학장구大學章句》에 전한다. 정말이지 나날이 새로워지지 않으면 하루가 새로워졌다고 할 수 없을 만큼 눈부신 속도로 변화하는 시대다. 예전엔 십 년이면 강산이 변한다고 했는데 요즘엔 자고 일어나면 세상이 변한다.

이 책은 바로 그런 변화에 대한 이야기를 담고 있다. 구체적으로는 4차 산업혁명의 전개에 따른 기업 생존조건과 리더십의 변화를 다룬다.

개인도 마찬가지지만 기업도 태어나 지속적으로 성장해야 생존할 수 있다. 성장이 곧 생존인 시대다. 따라서 기업의 성장에 필요한 핵심가치에 관한 이야기도 다룬다. **그 핵심가치의**

핵심은 여전히 '사람'이다.

이 책은 1, 2부로 나뉘며 전체 6장으로 구성되어 있다.

1부 '당신 앞에 미래는 이미 와 있다'에서는 변화하는 기업 환경을 진단하고,

2부 '결국 답은 리더 안에 있다'에서는 해결에 대한 방법을 제시한다.

세부적으로 1장에서는 4차 산업혁명 시대에 생존의 역습을 살펴보며, 2장에서는 빅체인지 시대의 미래와 엔터테인먼트 산업을 조망하는데, 특히 '걱정스런 놀이'를 넘어 글로벌 비즈니스로 각광받기 시작한 게임 산업을 살펴본다. 그리고 이어 드라마에서 K-팝까지 한류의 자취를 더듬어보고 미래의 비즈니스 기회를 진단하는데, 특히 전인미답의 길을 개척해가고 있는 방시혁과 방탄소년단을 통해 비전을 제시한다.

3장에서는 블록체인 기술의 미래와 가상화폐의 미래를 짚어보고, 아직도 식지 않고 있는 가상화폐의 논쟁에 대해 알아본다. 4장에서는 제조업의 스마트 혁신과 인더스트리 4.0의 개요를 일별하고 기대와 과제를 살펴본다.

5장에서는 변화하는 스마트 시대에 우리는 무엇을 갖추어야

할 것인가에 대해 알아보고, 6장에서는 스마트 시대에 필요한 핵심역량과 디지털 생태계에 임하는 자세에 대해 살펴본다.

아무쪼록 이 책이 조직의 리더에게는 경영의 변화 대처에 작으나마 도움이 되기를, 직업인에게는 나날이 스마트해지는 세상을 스마트하게 건너는 징검다리가 되기를 소망한다.

장성철

| 3장 |

상상과 현실이 가져온 불편한 진실

| 4장 |

제조업의 스마트 혁신과 인더스트리 4.0

2부 ● 결국 답은 리더 안에 있다

1부

당신 앞에 미래는
이미 와 있다

1 장

생존의 역습

◆ 세상에! 무슨 일이 벌어지고 있는 걸까 ────

◆　　◆

자고 나면 놀라운 뉴스들이 쏟아지고 새로운 세상이 열린다.
어제와 오늘, 오늘과 내일은 각각 완전히 새로운 세계다.

손가락으로 휴대폰을 터치하고 마우스로 컴퓨터를 조작하는
것만 해도 놀라운 변화로 새로운 세상을 열었지만 변화는 그치
지 않는다. 이제는 음성으로 휴대폰과 컴퓨터를 조작하고 밖에
서도 집 안의 전자기기를 원격조종하는 시대가 되었다. 아마
머잖아 원격조종도 필요 없이 집주인의 스케줄에 따라 스스로
알아서 작동하는 스마트 전자기기로 집 안이 채워질 것이다.

여행을 떠나면서 전화나 컴퓨터로 숙박시설이나 교통편을
예약하는 것은 이미 흘러간 이야기가 되었다. 사람이 운영하던
자전거 대여소도 사라진지 오래되었다. 이제는 휴대폰을 터치
하기만 하면 원하는 숙박시설이나 교통편을 예약할 수 있고,

휴대폰에 해당 앱만 깔면 자전거도 어디서고 아무 때나 빌려 탈 수 있다.

"모든 시대는 그 시대만의 책을 가지고 있다."

모든 시대는 저마다 그 시대만의 상징을 가지고 있다는 뜻이다. 3차 산업혁명 시대는 컴퓨터에 기반을 둔 디지털온라인 시대, 정보화시대로 불렸다. 인류 최초의 컴퓨터는 1946년 미국에서 육군의 탄도를 계산하기 위해 만든 에니악 ENIAC이다. 연산 속도가 사람보다 20배는 빨라서 경이로웠지만 집채만 한 크기에 탱크만 한 무게를 자랑한(?) 데다가 가격도 50만 달러현재 가치 약600만 달러나 되어서 대중의 일상과는 동떨어진 물건으로 여겨졌다.

이후로도 컴퓨터는 진화를 거듭하여 크기와 무게가 점차 줄어든 반면 성능은 향상되었지만 가격이 수십만 달러를 호가하여 PC개인용 컴퓨터가 보급되기 전까지 일반인에게는 여전히 그림의 떡이었다. 이 무렵 누군가 머잖아 컴퓨터가 지배하는 세상이 올 것이라고 예언하자 당연히 다들 농담으로 받아들였다. 그러나 겨우 한 세대가 지나 그 예언은 현실이 되었다.

물론 아직은 과학기술 혁신이 일정한 시차를 두고 나타나고, 과학기술 진보가 기하급수적으로 일어나는 시기는 오지 않았다는 주장도 일리는 있다. 노벨경제학상을 수상한 미국 경제학자 로버트 솔로Robert Merton Solow는 1987년 본격적인 컴퓨터 시대가 왔지만 생산성은 오히려 낮아졌다는 사실에 주목했다. 기업에 컴퓨터 보급이 확산된 1970년대 중반부터 1990년대 중반 사이 미국의 노동 생산성 증가율은 연평균 1.5퍼센트에 불과했다. 그러나 1990년대 중반 이후에는 그 증가율이 연평균 2.5퍼센트 이상으로 반등한 사실이 인상적이다. 인터넷이 컴퓨터 응용 능력에 혁신을 일으킨 결과가 시차를 두고 나타난 것이다.

이런 시차에 주목하는 전문가들은 블록체인, 인공지능, 사물인터넷, 3D프린터, 빅데이터 같은 혁신의 산물이 본격적으로 활용되면 생산성이 비약적으로 상승할 것으로 내다본다. 지금까지와는 차원이 다른 세상이 열리는 것이다. 로버트 솔로는 이런 변화 속에서 기업의 생존을 가르는 조건을 제시한다.

"이전의 세계화가 상품, 서비스, 돈의 흐름이 지배하는 것이었다면 오늘날의 세계화는 아이디어와 정보를 담은 데이터의 흐름이 지배하는 것이다. 우리는 비로소 전 세계가 진정한 의미에서 상호 연결되는 첫 세대를 맞이한 것이다. 현재 시가총액 최상위 기업들은 아마존, 애플, 알파벳구글 지주회사, MS, 페이스북처럼 데이터를 많이 보유한 기업들이다. 월마트, GM 같은 기업도 인공지능이나 자율주행기술에 투자하고 있다. 앞으로 모든 기업이 데이터를 더 많이 모으는 방향으로 사업을 재편해 디지털 혁신에 몰두할 것이다. 이런 혁신의 시대에서 기업은 생산성 증가와 소비자의 편의 증진에 사업의 초점을 맞춰야 한다. 데이터를 얼마나 많이 모으고 그것을 어떻게 활용하느냐에 따라 기업의 생사가 갈릴 것이다."

글로벌 시가총액 순위에도 전에 없는 변화의 바람이 불고 있다.

자기 집의 빈방을 여행객과 공유하는 서비스를 제공하는 에어비앤비는 2008년에 설립된 데이터 기반 기업이다. 불과 10년 만에 등록 숙박업소 150만여 개를 확보하고 200개국에 서비스를 제공하는 이 회사의 시가총액은 2015년에 240억 달러로 이미 세계 최대 호텔체인 힐튼월드와이드220억 달러를 넘어섰다.

모바일 앱으로 택시를 이용하는 데이터 기반 기업으로 2010년에 설립된 우버의 시가총액은 7년 만에 400억 달러를 기록해 한때 현대자동차를 앞질렀다. "가장 좋은 자동차를 만들겠다"라는 목표를 내걸고 2003년에 설립된 테슬라는 미국의 전기자동차 제조회사로, 불과 14년 만인 2017년에 시가총액530억 달러에서 현대자동차는 물론이고 110년 전통의 미국 최대 자동차 기업 GM512억 달러을 뛰어넘었다. 물론 우버나 테슬라 같은 몇몇 기업은 경영상의 여러 문제를 노출하면서 위기에 처해 있긴 하지만 이들 인터넷 기반 기업이 단기간에 글로벌기업으로 성장한 데는 변화를 주도하는 혁신 마인드가 작용했다.

무엇이 4차 산업혁명을 이끌게 될까

사실 4차 산업혁명을 추동하는 인공지능, 사물인터넷, 블록체인, 빅데이터 같은 요소도 데이터의 수집 및 활용과 밀접하게 관련된다.

인공지능은 지난 2016년 3월 프로기사 이세돌과 알파고 AlphaGo 간에 벌어진 세기의 바둑 대결로 대중의 뇌리에 강렬한 인상을 심었다. 바둑만큼은 인공지능도 당분간 인간을 넘어설 수 없으리라고 굳게 믿어온 대중에게 알파고의 등장은 엄청난 충격이었다. 알파고는 이전까지의 학습능력과는 전혀 다른 차원의 가공할 능력을 선보였다. 미래 기술로 여겨지던 인공지능이 마침내 현실에서 충격적인 모습으로 구현되기 시작한 것이다. 운전자 없이 스스로 주행하는 자율주행차가 상용화를 앞둔 것도 좋은 예다. 우리가 매일 사용하는 스마트폰에도 카메라의 초점을 자동으로 잡아주는 얼굴 인식 기능, 음성 인식 기능과 같은 인공지능 기술이 들어 있다.

의료와 금융 분야는 인공지능이 가장 먼저 접수하게 될 것이다. X-레이, CT, MRI 같은 메디컬 이미지를 인공지능이 자동 분석해 제공하기 시작했으며, 간단한 진료도 인공지능에 탑재한 방대한 의학 데이터를 기반으로 해결하게 되었다. 금융 분야에서는 투자 적합성 판단이나 데이터에 따른 위험률을 근거로 적정 보험료를 계산하는 인공지능이 활용되고 있다.

SF영화 같은 인공지능의 활약은 미래사회의 예고편에 불과하다. 앞으로 모든 영역에서 인공지능의 눈부신 활약이 펼쳐질 것이다.

바둑에서 인간계의 최고 고수 이세돌을 일방적인 스코어로 이겨버린 알파고의 비결은 인공지능의 핵심을 이루는 학습능력의 획기적인 혁신에 있다. 머신러닝machine learning이 그 시작이다.

머신러닝은 기존의 논리, 추론 위주의 인공지능과는 달리 경험을 통한 데이터에 근거하여 귀납적으로 판단한다. 인간의 학습 방법을 답습한 것이다. 머신러닝은 데이터의 패턴을 기반으로 새로운 질문에 답하는 알고리즘인데, 그 능력은 데이터의 양과 질에 크게 의존하므로 무엇보다 예측에 필요한 양질의 데이터 수집이 중요하다. 그러나 여전히 어떤 특징값입력값을 사용해야 좋은지는 난제였는데, 마침내 딥러닝deep learning으로 해결의 실마리를 찾았다. 딥뉴럴네트워크deep neural network라고도 불리는 이 기술은 인공신경망artificial neural network을 발전시킨 형태다.

사람의 뇌가 수많은 신경세포들로 움직인다는 점에 착안한 것으로, 수많은 노드들을 놓고 그것들을 연결한 연결값을 훈련시켜 데이터를 학습한다. 가중치들을 연결선으로 표시하여 만든 거대한 네트워크들을 층층이 쌓은 '깊은 네트워크'가 바로 딥러닝인데, 이것이 여러 단계의 계층적 학습과정을 거치며 적절한 특징값을 스스로 생성해냄으로써 기존에 인간이 포착하지 못했던 특징값까지 포착할 수 있게 된 것이다.

딥러닝은 미래 인공지능의 희망이다. 이미지 인식 등의 분야에서는 이미 인간의 오차율을 넘어섰으며, 이제껏 불가능하다고 여겨졌던 일들도 척척 해내고 있다. 글로벌 테크노기업들의 인공지능 기술 경쟁은 갈수록 치열하게 불꽃을 튀긴다. 딥러닝

연구 분야에서 인재 영입 경쟁은 그야말로 전쟁이다.

그런 인재 가운데서도 '알파고의 아버지' 로 불리는 데미스 허사비스Demis Hassabis는 유별나다. 열다섯 살 때 이미 고교과 정을 마친 그는 대학에서 컴퓨터공학과 인지신경과학을 공부 하고 2010년에 셰인 레그Shane Legg, 무스타파 슐레이만Mustafa Suleyman과 함께 신경과학을 응용한 인공지능 기업 '딥마인드 테크놀로지' 를 세웠다. 서른네 살 때다. 그는 머신러닝과 신경 과학 기반의 자율학습 컴퓨터 알고리즘을 개발했는데, 이 기술 의 가치를 알아본 구글이 2014년 직원 50여 명의 이 작은 기업 을 4억 달러에 인수하여 '구글 딥마인드' 로 사명을 바꾸고 창 업자 허사비스를 최고경영자로 영입했다.

그리하여 인공지능 바둑 프로그램 알파고를 개발한 구글 딥 마인드는 치밀하게 준비한 끝에 2016년 3월에 '인간계 최고수 와의 바둑 대결' 이라는 세기의 이벤트를 벌여 완승함으로써 충격과 함께 본격적인 인공지능 시대를 알렸다.

● 새로운 혁명은 이미 생활 속에서 시작되었다 ——

◆ ◆

이제 인공지능은 더 이상 가상의 미래기술이 아니라 우리 생활에 속속들이 파고들고 있다.

모든 것이 인터넷에 연결된 세상은 어떤 모습일까? 가령 가스레인지, 냉장고, 세탁기, 책상, 청소기, 자동차 같은 사물이 모두 인터넷에 하나로 연결돼 손가락 터치 한 번으로 마음대로 조정할 수 있다면 어떨까. 사물인터넷은 바로 이런 세상을 가능하게 해주는 기술이다. 모든 사물이 인터넷에 연결돼 서로 정보를 공유하고 원격으로 조정하는 일이 가능해졌다.

이런 사물인터넷의 진화가 유비쿼터스 세상을 현실화했다. 유비쿼터스Ubiquitous는 '언제 어디서나 존재한다' 라는 뜻의 라틴어로, 사용자가 컴퓨터나 네트워크를 의식하지 않고 시간과 장소에 상관없이 자유롭게 네트워크에 접속할 수 있는 환경을 말한다. 유비쿼터스는 유비쿼터스 컴퓨팅에서 출발하여 유비쿼터스 네트워크로 그 개념이 확장되어 언제anytime, 어디서나anywhere, 누구나anybody, 어떤 네트워크any-network든, 어떤 기기any-device든, 어떤 서비스any-service든 접속할 수 있게 되었다.

사실 세상을 바꾼 컴퓨터는 수차례 거대한 진화의 파고를 넘어 마침내 유비쿼터스에 이르렀다. 사물인터넷은 자동차나 전자기기뿐 아니라 우리 생활 전반에 스며들어 유비쿼터스 세상을 구현해가고 있다.

가령 제약회사가 약병 뚜껑에 센서사물인터넷를 달아 출시하면 환자가 약병을 열면 센서가 그것을 감지하여 환자가 처방약을 복용했다는 정보를 병원으로 보내주고, 복용 시간이 지나도록 뚜껑이 열리지 않으면 병원 환자관리시스템이 자동으로 환자에게 약을 복용할 것을 상기시킨다.

이런 시스템은 보호수를 관리하거나 숲을 가꾸는 데도 적용된다. 나무에 부착한 센서에서 나무의 영양 상태나 병충해 감염 등의 정보를 관리센터에 보내면 자동으로 어떤 조치를 취해야 할지 판단하여 구제에 나선다.

지금까지는 인간이 사물 정보를 수집하고 지시를 내렸다면,

앞으로는 사물 센서가 스스로 정보를 수집하고 그 정보에 따라 스스로 맞춤 조치를 실행하게 되는 것이다.

기업들은 이미 날로 진화해가는 사물인터넷을 기반으로 삼은 숱한 사업 기회를 창출하고 있다. 모든 사물에 인간의 오감을 적용한 센서를 부착하여 정보를 수집하고 그 상황에 맞는 네트워크로 보낸 다음, 수신 정보를 플랫폼에서 분석하여 부가가치를 창출하는 것이다. 이런 과정에서 센서와 반도체 수요가 늘어나는 것은 물론이고 수많은 제품에 배터리를 장착해야 한다. 또 자고 나면 폭증하는 방대한 자료를 신속하게 처리하고 저장하기 위한 5G 통신 인프라와 컴퓨터 시스템이 필요하게 된다.

사물인터넷을 사업 기회로 삼아 잘 나가는 대표적인 기업이 항공기 엔진을 제조하는 영국의 롤스로이스Rolls-Royce PLC 사다. 엔진은 동력으로 움직이는 어떤 기계나 운송수단에서도 가장 중요하지만 특히 비행기에서 엔진 고장은 곧 대형 참사를 의미하므로 엔진이 곧 생명이다. 롤스로이스는 이런 엔진에 다양한 센서를 부착하여 원격 모니터링 서비스를 실시했다. 실시간으로 수집된 온도, 기압, 속도, 진동 같은 비행 환경 데이터를 인공지능에 결합시켜 분석 평가함으로써 사고 위험을 미리 제거하는 예방 정비 서비스를 제공하는 것이다. 제조업에 서비스업을 추가하면서 제조업의 경쟁력을 배가한 좋은 사례다. 사물인터넷의 힘이다.

사물인터넷은 머잖아 자동차 시장에도 빅뱅을 일으킬 것이다. 유럽 주요 국가들과 인도는 이미 2030년 전후로 내연기관 차량의 생산과 판매를 끝내겠다고 선언했다. 세계의 공장에서 글로벌 최대의 시장이 된 중국 역시 '핵심 자동차 기업, 인터넷 선도기업, 주요 과학기술연구소의 역량을 모아 국가 스마트 자동차 혁신 플랫폼 구축을 서두를 것'을 천명했다.

자동차 제조가 저탄소, 자동화, 지능화 방향으로 발전함에 따라 자동차는 단순한 교통수단을 넘어 대형 이동단말기 성격, 아니 그보다 더 나아가 개인 생활의 플랫폼 성격이 더욱 강해지고 있다. 아울러 당연히 자동차 생산방식도 대량 생산체제에서 개별 맞춤 스마트 생산체제로 빠르게 전환될 것이다.

그러나 사물인터넷이 이루는 유비쿼터스 세상에 빛만 있는 것은 아니다. 편리한 만큼 그에 따른 대가도 치러야 하고 짙은 그림자도 어른거린다.

유비쿼터스 네트워크로 덮이는 순간 세상은 표준화를 주도한 승자 중심으로 재편될 가능성이 크다. 업종 간의 벽도 맥없이 무너져 무한 경쟁체제로 내몰릴 것이 뻔하다. IT기업인 구글이 시계를 만들고 애플이 전기자동차를 개발하고 있다. 반도체와 모바일로 글로벌기업이 된 삼성전자는 미래 주력사업으로 바이오사업에 공을 들이고 있는데, 이 분야를 비롯하여 의료 서비스 및 제약사업에 이미 거대기업들이 치열한 물밑 경쟁을 벌이고 있다.

이처럼 확대되어가는 시장에서 특출한 기술력이나 확실한 사업모델을 확보한 중소기업이나 개인은 더 많은 기회를 얻겠지만 준비가 부족한 기업이나 개인은 생존권마저 위협받게 된다. 그러잖아도 심각한 양극화가 더욱 확대된다면 세상은 더욱 불행해질 것이고, '과연 무엇을 위한 과학기술 발전인가' 하는 회의감에 빠질 것이다.

유비쿼터스 세상에서 보안은 더욱 심각한 문제가 될 수 있다. 사물인터넷이 우리 생활 전반에 스며들어온 가운데 해킹을 당해 사물이 악의적으로 조작된다면 그 결과는 생각만 해도 끔찍하다. 자동차들이 미쳐 날뛰다 연쇄사고를 일으킬 것이고, 집안의 가스 조절장치를 조작해 목표 인물을 은밀하게 살해할 수도 있다. 나아가 한 도시나 국가가 송두리째 마비되지 않으리란 보장도 없다. 실제로 사물인터넷 기기를 대상으로 해킹 실험을 한 결과 치명적인 위험 요소들이 발견되었다. 특히 사물인터넷이 먼저 도입되어 확산된 에너지, 교통, 재난, 안전 분야는 보안 문제가 해결되지 않으면 사물인터넷이 스마트 세상이 아니라 지옥문을 여는 열쇠가 될 수도 있다.

이런 사물인터넷도 정보 없이는 다 무용지물이다. 정보야말로 4차 산업혁명을 추동하는 원천이다. 예전에는 권력이 칼에서 나오고 총구에서 나온다고 했다. 그러나 그 이면에는 정보가 권력의 향배를 결정하는 열쇠를 쥐고 있었다. 예나 지금이나 **정보가 권력을 창출하고 유지시킨다**는 점에는 변함이 없다.

중국 진나라의 시황제는 마흔에 천하를 평정하고 불로장생을 추구한 것으로 유명하지만 지방 순행 중에 불과 쉰의 나이로 죽었다. 시황제가 기원전 210년에 떠난 순행이 결국 마지막 순행이 되었는데, 여기에 승상 이사, 환관 조고, 막내아들 호해가 수행했다. 당시 태자 부소는 대장군 몽염과 함께 흉노와 대치한 국경지역에 나가 있었다. 부소는 일찍이 시황제와 조정의 촉망을 받았지만 부황의 분서갱유焚書坑儒를 말리다가 분노를 산 나머지 몽염과 함께 국경지역으로 보내진 것이다. 그렇다고 시황제가 태자 부소에 대한 신임을 거둔 것은 아니었다. 여전히 부소를 후계자로 여기고 있었다.

시황제는 사구 지방에 이르러 병이 위중해지자 환관 조고에게 유서를 작성하도록 했다. 옥새를 태자 부소에게 전달하고, 부소로 하여금 함양에서 자신의 장례를 주관하라는 내용이었다. 2세 황제에 태자 부소를 지명한 것이다.

그러나 정보를 독점한 조고는 황제의 죽음을 비밀에 부친 채 유서를 조작했다. 이에 반발하는 승상 이사를 회유와 협박으로 어르고 달래 한편으로 만든 조고는 "태자 부소와 대장군 몽염은 자결하라" 라는 가짜 유서를 보내 가장 두려운 정적을 제거했다. 올곧은 부소는 몽염의 만류에도 불구하고 즉시 자결했으며, 몽염은 2세 호해 황제 즉위 직후에 반역죄로 몰려 삼족이 멸문을 당했다.

이때 만약 부소가 '정보의 중요성' 에 유념하여 변방으로 떠나면서 자신의 정보원을 시황제의 측근에 심어놓았다면 그런 거짓 유서에 속아 대사를 그르치는 일은 없었을지도 모른다.

예전에는 정보가 부족해서 탈이었다면 이제는 정보가 넘쳐 나서 탈이다. 그야말로 정보의 홍수 속에서 살게 되었다. 그 홍수 속에서 살아남는 것이 시대의 과제가 되었다. 그런 가운데 데이터 앞에 '빅big' 을 붙여 너도나도 빅데이터 세상을 말한다.

빅데이터는 기존에 인간이 수행한 데이터베이스 관리도구의 능력을 넘어서는 대량의 정형·비정형 데이터 집합에서 가치를 추출하고 결과를 분석하는 기술이다. 빅데이터의 특징은 4V로 얘기되는데, 양volume, 다양성variety, 속도velocity에 새롭게 가치value를 더한 것이다. 그로 인해 이전과는 완전히 새로운 형태의 데이터 분석으로 상상도 못 했던 일들은 해내게 되었다.

빅데이터 기술의 진보는 인간만이 분석하고 판단할 수 있다는 생각을 지웠으며, 빅데이터가 더욱 치밀하고 신속한 분석으로 많은 작업에서 인간을 밀어내고 있다.

이런 좋은 예가 2012년 미국에서 일어났다. 〈시카고 트리뷴〉이 자사 지역신문 기자 20여 명을 해고했다. 그리고 빅데이터 기술에 기반을 둔 알고리즘과 로봇이 자동으로 기사를 작성하는 저너틱 사에 콘텐츠 생산을 대신하도록 맡겼다. 빅데이터 기술이 기사 작성뿐 아니라 외국어 번역이나 통역도 대신하게 된 것이다. 인간이 데이터 분석을 통해 전문성을 발휘해온 분야는 거의 예외 없이 빅데이터 기술이 대신해가고 있다.

앞서 말한 정형 데이터는 인구 통계, 신용카드 사용이나 통화 기록과 같은 우리가 지금껏 사용해온 구조화된 데이터를 말하는데, 빅데이터는 UCC 동영상, SNS 콘텐츠와 같은 구조화되지 않은 비정형 데이터까지 더해서 활용하는 것을 말한다. 그러므로 **데이터 규모만 크다고 해서 다 빅데이터는 아니다. 비록 규모가 작더라도 비즈니스 기회를 발견하고 의미 있는 전략을 창출하는 데 기여한다면 빅데이터라고 할 수 있다.**

에어비앤비는 호텔뿐만 아니라 일반인도 자신의 빈방을 여행객에게 호텔보다 저렴하게 제공할 수 있도록 중개하는 서비스 기업이다. 에어비앤비는 초기에 자금이 부족해 대규모 광고를 할 수 없어서 숙소 제공 희망자들을 끌어들일 방법이 없자 고심 끝에 인터넷 벼룩시장 크레이그리스트에서 관련 데이터를 무료로 가져와서 서비스를 시작했다.

이처럼 빅데이터는 물리적인 양보다는 해당 비즈니스에 최적화한 데이터를 뜻한다. 그러므로 빅데이터 전략은 덮어놓고 거액을 들여 대규모로 구사하기보다는 해당 비즈니스에 최적화된 맞춤 데이터를 확보하는 방식으로 구사해야 했다.

4차 산업혁명을 상징하는 스마트 공장이 개별 맞춤형 제품을 생산하듯이 마케팅 역시 고객을 세분하여 개별 맞춤형, 즉 일 대일 마케팅을 가능하게 만드는 것이 빅데이터다. 인터넷 서점에서 몇 번 책을 검색하여 구매하거나 구경하고 나면 같은 계통의 책뿐만 아니라 내가 관심을 가질 만한 목록을 선별하여 추천하는데 마치 내 머릿속에 들어갔다 나온 것 같다. 이런 것도 다 빅데이터가 해내는 일이다.

성공은 또 다른 시작일 뿐이다

정상의 지위를 압도적으로 누리다가 맥없이 쇠락한 기업들은 무수히 많다. 정상까지는 아니더라도 승승장구하다가 어느 순간 추락하여 무대에서 영영 사라진 기업들이 생존한 기업들보다 많다.

유력한 보고서 S&P에 따르면, **글로벌 500대 기업의 평균 수명은 1935년에는 90년으로 거의 100년에 가까웠으나 2015년에는 15년까지 떨어졌다.** 최근의 기업환경 변화 속도에 비춰보면 그 수명은 머잖아 10년 이내로 떨어질 것이고, 향후 30년 내에 주요 글로벌기업의 3분의 2가 무대에서 사라질 것으로 전망된다.

한동안 글로벌 절대 강자로 군림하다가 날개가 떨어진 듯 추락한 끝에 해체되거나 변방으로 밀려난 숱한 기업들 가운데 노키아는 가장 충격적인 몰락을 보여주었다.

1865년 핀란드에서 출발한 노키아는 진취적인 사업 마인드로 모바일 네트워크와 디지털 전화기 분야의 글로벌 선도자로서 위치를 확고히 다지고 1992년부터 휴대폰 시장을 압도했을 뿐 아니라 1994년 세계 최초로 위성통화에 성공할 만큼 진취적이었다. 휴대폰 업계 절대 강자로서 노키아의 군림은 10년이나 이어져 당분간 누구도 넘볼 수 없으리라 여겨졌다. 그러나 노키아는 턱밑에서 벌어지고 있는 천지개벽의 변화 조짐을 전혀 감지하지 못했다.

그도 그럴 것이, 시장조사업체 가트너가 2010년 1분기 세계 휴대폰 시장 점유율을 조사한 바에 따르면 노키아는 여전히 압도적인 1위로 점유율 35.0퍼센트를 차지했다. 삼성이 20.6퍼센트로 2위, LG가 8.6퍼센트로 3위, 그 밖에 리서치인모션RIM, 소니에릭슨, 모토로라가 3.5퍼센트 안팎으로 4~6위를 이었다. 애플은 2.6퍼센트로 7위에 불과했는데, 특이하게도 전해 1분기1.5퍼센트에 비해 거의 2배에 이르는 상승률을 기록했다.

2007년에 발표한 획기적인 개념의 스마트폰인 아이폰이 본격적으로 마케팅 파워를 발휘하기 시작한 것이다. 과연 애플은

2011년 휴대폰 시장 점유율을 7퍼센트로 끌어올렸으며, 스마트폰 시장 점유율은 19퍼센트로 1위인 삼성20퍼센트과 어깨를 나란히 했다.

전체 휴대폰 시장에서 스마트폰이 차지한 비율은 2011년까지만 해도 1퍼센트에 불과했다. 그래서 하락세에 있긴 했지만 노키아가 휴대폰 시장 점유율 1위를 지킬 수 있었다. 그러나 이듬해 스마트폰이 전체 시장을 급격하게 잠식하여 무려 35퍼센트나 차지했다. 그러면서 노키아는 전체 시장 1위 자리를 삼성에게 내주고, 이미 대세로 굳어진 스마트폰 시장에서는 1위삼성28퍼센트, 2위애플 20퍼센트와는 터무니없이 멀어진 5퍼센트로 주저앉았다.

최초의 스마트폰은 IBM이 1992년에 발표한 사이먼Simon이라고 하지만 사실 진정한 의미의 스마트폰은 노키아가 1996년에 처음 만든 것으로 평가된다. 노키아 9210은 최초의 컬러 스크린 커뮤니케이터 모델이면서 개방형 운영체제를 가진 최초의 스마트폰다운 스마트폰이었다. 9500 커뮤니케이터 역시 노키아의 첫 카메라폰이자 와이파이Wi-Fi폰이었다.

그러나 노키아는 2007년 아이폰 등장 이후 애플을 중심으로 급변하는 모바일 생태계에 적응하지 못하고 스마트폰 시장 경쟁에서 처참하게 무너졌다. 노키아는 애플보다 수년이나 앞서 스마트폰 개발에 나서 초기에는 기술에서 가장 앞섰지만 스마트폰이 아직 기술적으로 불안정하고 무엇보다 자기들이 절대 강자로 군림하고 있는 일반 휴대폰 시장에 타격을 줄 수 있다는 이유로 스마트폰 개발에 소극적으로 대처하고 만 결과였다.

반면에 삼성은 아이폰 등장의 충격을 딛고 변화에 적극 대처하여 애플과의 스마트폰 시장 경쟁에서 우위를 점해 나갔다. 급변하는 시장 앞에 '어떻게' 대응하느냐에서 기존의 휴대폰 양대 강자 노키아와 삼성의 희비가 극명하게 갈린 것이다.

스마트폰 시장에서 밀려난 노키아 모바일 사업부문이 눈덩이처럼 불어나는 적자를 견디지 못하고 2014년 마이크로소프트에 인수됨으로써 '노키아 모바일'은 과거의 영광을 뒤로 하고 무대에서 내려왔다. 챔피언의 쓸쓸한 퇴장이었다.

필름의 역사 자체였던 코닥, 글로벌 PC 제조업체 HP휴렛패커드는 업계의 글로벌 절대강자로 정상에 군림하면서 연이은 혁신적인 발명품으로 각광받았다. 당연히 숱한 후발 기업의 벤치마킹 대상이 되었다. 그러나 이 기업들도 모험과 도전을 멈추고 현실에 안주하는 순간 정체되기 시작했다. 노키아처럼 정상에서 추락하는 것은 순간이었다.

코닥이 기술 개발을 게을리해서 망한 것이 아니다. 세계 최초로 디지털카메라 기술을 개발한 기업이 바로 코닥이다. 문제는 변화에 대응하는 마인드였다. 카메라든 인쇄든 모든 것이 디지털화되면 필름이 필요 없게 되리라는 것을 간파하지 못했다. 1981년 소니가 디지털카메라 출시를 선점했다. 그때라도 코닥은 필름 시장에 대한 우려를 접고 적극 대응해야 했지만 끝내 디지털카메라 출시를 포기했다. 1990년대 들어 여러 기업이 앞다퉈 디지털카메라를 출시하자 코닥은 그때서야 부랴부랴 디지털카메라를 출시하여 대응했지만 이미 코닥이 설 자리는 없었다. 시대의 변화를 냉철하게 성찰하지 못한 채 우물쭈물하던 코닥은 결국 변신의 시기를 놓쳐 파산하고 말았다.

1939년 대공황기에 캘리포니아의 한 차고에서 사업을 일으킨 HP는 1980년 최초로 전문 사용자를 위한 PC 생산을 계기로 HP 로고를 단 컴퓨터를 시장에 내놓았다. 1984년에는 소형 프린터로 일반 소비시장에도 진출했는데, 잉크젯프린터와 레이저프린터를 크게 히트시킨 데 이어 프린터 기술을 바탕으로 팩스, 인쇄, 스캐너를 하나에 통합한 복합기를 출시하여 성과를 높았다. 세계 최대 PC 제조업체로 성장한 HP는 1995년〈포브스〉선정 '올해의 기업' 에 오르는 등 인텔과 함께 실리콘밸리를 상징하는 기업으로서 전성기를 맞았다.

그러나 1990년대 후반 들어 인터넷 시대가 도래하면서 HP에 어두운 그림자가 드리우기 시작했다. 급격한 변화를 인지하고 대응에 나서긴 했지만 어정쩡하고 서툰 나머지 시행착오를 반복하면서 시간을 허비했다.

위기감을 느낀 HP는 칼리 피오리나를 CEO로 영입해 승부수를 띄웠다. 피오리나는 루슨트테크놀로지에서 브랜딩 캠페인을 성공적으로 이끌어 월가의 주목을 받던 터였다. 그러나 피오리나는 시대의 변화를 제대로 읽어내지 못하고 결정적인 자살골을 넣으며 무너졌다.

그는 이미 시작된 인터넷 시대를 주도할 IT산업에 대응하는 대신 250억 달러를 쏟아부어 세계 2위의 PC 제조업체 컴팩을 인수함으로써 철지난 '규모의 경제' 로 HP를 부흥시키고자 했다. 그러나 하드웨어가 이미 사양길에 접어드는 등 PC 생태계가 급변하면서 컴팩 인수는 HP에 치명타가 되었다.

더 심각한 문제는 변화에 대응할 적기를 놓친 것이었다. 피오리나 취임 후 HP의 전통으로 자리를 잡은 'HP 방식The HP

Way'도 사라졌다. 엔지니어들의 창의성과 자발성, 사회적 책임을 중시하고 직원들과 장기적 비전을 공유해왔던 HP는 '그저 그런 기업'이 되고 만 것이다.

피오리나의 실험이 실패로 끝난 후에도 HP는 여러 CEO들이 바통을 이어가며 회생 전략을 구사했지만 경영진의 갈등과 연이은 헛발질로 더욱 수렁으로 빠져들었다. 2013년에 다우존스 산업평균지수다우지수 산출 기준 기업에서 제외되는 굴욕을 겪은 HP는 '더 작아지고, 민첩해지고, 집중하기 위해' 2015년 기업을 분리하는 고육지책까지 썼지만 스마트폰과 태블릿 PC 시대의 견고한 벽을 넘어서기엔 역부족이었다. 코닥이 필름에 대한 미련을 버리지 못해 몰락한 것처럼 HP는 기존의 컴퓨터와 프린터 시장에 안주하는 바람에 기회를 놓쳐 몰락의 길로 접어든 것이다. 이제 HP는 "Help Please살려주세요!"라고 조롱받는 신세가 되고 말았다.

탁월한 기업연구가 짐 콜린스는 《위대한 기업은 다 어디로 갔을까How the Mighty Fall》에서 정상에 올랐거나 크게 성공한 기업이 몰락하는 과정을 모형으로 제시했다. 이에 따르면 **성공한 대부분의 기업은 성공을 또 다른 출발로 삼기보다는 자만심에**

빠져 현실에 안주하는 잘못을 저지른다. 블룸버그도 '노키아의 쇠락이 주는 교훈 3가지'라는 분석 기사에서 '성공에 안주하지 말 것', '도전의식을 잃지 말 것', '기술혁신이 일어나는 산업 클러스터에 본사를 위치시킬 것'을 충고하고 있다.

모든 기업이 콜린스의 모형을 따르는 것은 아니지만 대다수 기업이 유사한 경로를 밟고 있다. 성공에 따른 자만심이 원인이다. 그런 면에서 애플이 보여준 지속적인 혁신은 배울 만하다.

애플은 1997년 잡스 복귀 이후 아이맥1998년을 시작으로 아이팟2001년, 아이폰2007년, 아이패드2010년, 아이클라우드2011년 등 지속적으로 혁신적인 제품과 서비스를 내놓았다. 각각의 제품이나 서비스를 준비하기 위해 여러 해에 걸친 연구개발과 준비가 필요하다는 점을 고려할 때, 애플은 새로운 제품이나 서비스가 성공해 각광받는 바로 그 시점부터, 심지어는 이미 그 전부터 '다음의 혁신 제품Next Big Thing'을 준비해왔다. 노키아나 코닥, HP 같은 기업들과는 극명하게 대조를 이루는 대목이다.

기업의 미래는 변화의 연속이며 예측할 수 없는 미지의 영역이다. 따라서 미래를 예측하고 대응하는 역량은 기업의 경쟁력을 결정하는 가장 중요한 요소다. 단순히 원가를 절감하고 물건을 잘 만들어 파는 것만으로는 치열한 글로벌 경쟁에서 살아남기가 쉽지 않다.

글로벌 경제의 불확실성 속에서 **기업이 지속적으로 성장하려면 무엇보다 미래를 예측하는 통찰과 그 예측된 결과를 실현하려는 열정이 필요하다.** 그래서 글로벌기업들은 미래 전략 수립에 기업의 사활을 건다.

136년 역사에 빛나는 첨단기술 인프라 기업 GE제너럴일렉트릭는 숱한 인수합병을 통한 끊임없는 사업다각화로 비즈니스 모델 변신에 성공했다. 3세기에 걸쳐 세 번이나 변신을 거듭해온 원조 '트랜스포머 기업' 듀폰은 창사 이후 첫 100년은 화약제조업체로, 또 다른 100년은 화학소재·섬유 업체로, 그리고 이젠 농업·생명공학 업체로 변신 중이다. 이 글로벌기업은 거대한 미래 흐름을 읽고 변화의 핵심을 짚어내는 통찰과 추진력으로 또 다른 100년의 미래를 만들어가고 있다.

앞서 말했듯이 세계적 기업들의 평균 수명은 1935년 90년에서 오늘날 15년으로 떨어졌다. 그만큼 변화의 속도가 빨라지고 있다는 얘기다. 변화는 새로운 강자를 등장시키기도 하지만 기존의 절대 강자를 하루아침에 끌어내리고 만다. **변화에 따른 대응 전략이 기업의 사활을 가르는 것이다.**

기업의 미래는 변화에 대응하는, 나아가 변화를 선도하는 기술도 중요하지만 그 기술에 따른 새로운 시장 개척에 달려 있다. **실제로 기술의 변화는 개인의 삶은 물론 사회구조마저 바꿔 놓고 있다.**

구글은 모든 사물을 하나의 네트워크로 연결해 운영하는 지능화된 사물인터넷 세상을 꿈꾸고, IBM은 슈퍼컴퓨터 '왓슨'으로 의료, 법률, 금융과 같은 서비스 현장에서 기술 진화의 새로운 미래를 만들고 있다.

소프트뱅크는 인간의 감정과 인지능력을 가진 휴머노이드 로봇 '페퍼'로 기술과 인간의 소통을 꿈꾸고, 메르세데스-벤츠는 완전 자율주행 자동차에 기업의 미래를 걸었다.

중국 기업들이 추진하는 중국식 혁신, 즉 창신創新은 다양한 형태로 진화하고 있다. 대규모 기술개발 투자와 인수합병을 통해 혁신을 거듭해온 중국 기업들은 선진 첨단기술을 빠르게 따라잡거나 앞지르고 있다. 글로벌 선진기업들의 혁신을 벤치마킹하는 데 그치지 않고 나아가 중국식 혁신 모델을 체계화하고 있는 데 따른 위력이다.

알리바바는 금융과 정보통신기술을 결합한 핀테크FinTech로 새로운 금융 생태계를 만들고 있으며, PC 제조에서 이미 세계

1위인 레노버는 모토로라를 인수함으로써 휴대폰 업계에서도 샤오미와 더불어 삼성전자와 애플을 턱밑까지 추격했다. 일찍이 중국 현지화에 성공한 폭스바겐과 유니클로는 중국인의 특색에 맞는 다양한 상품 전략으로 중산층 끌어안기에 나섰다.

급변하는 기업환경 가운데 성장 정체기에 빠져들고 있는 기업들이 느끼는 공통점은 기존의 성장 동력이 제 역할을 못하고 비즈니스 모델에 타격을 입어 변신이 불가피하다는 점이다.

일본의 자부심으로 통할 만큼 잘 나가다가 천문학적인 부채로 인해 파산보호를 신청했던 JAL일본항공은 추락한 이미지 회복과 기업문화 변화를 통해 재기에 성공했다. 세계 최대의 해운회사 머스크라인은 호황기에 이미 저성장 시대의 도래를 예견하고 변화에 대비한 선제적 구조조정과 수익·효율성 중심의 조직개편을 통해 새로운 혁신 모델을 만드는 데 성공했다.

융합convergence 제품의 대명사인 스마트폰의 진화는 MP3와 차량 내비게이션 시장을 대체해버리는 파괴적 혁신을 통해 '모바일 천하'를 열었다. 이런 현상은 모바일뿐만이 아니다. 스페인 의류업체인 인디텍스는 온·오프라인과 모바일을 하나로 연결하는 옴니채널로 SPA의 새 미래를 만들고 있다.

디즈니의 〈겨울왕국〉은 캐릭터가 만들어내는 감동의 힘이 창의적인 스토리텔링을 기반으로 하고 있음을 여실히 보여주었으며, 코카콜라는 누구나 참여하고 공유할 수 있는 스토리텔링 중심의 미디어 플랫폼 '코카콜라 저니'를 통해 브랜드 저널리즘이라는 새로운 기업 홍보 모델을 만들어 고객과 소통하고 있다.

디즈니든 코카콜라든 추종을 불허할 만큼 업계의 압도적인 정상으로 오래 군림해왔지만 그런 **성공에 취하거나 안주하지 않고 변화에 선도적으로 대응하면서 끊임없이 변신함으로써 백년기업의 영화를 누리게 되었다.** 성공을 자만과 안주가 아니라 새로운 시작과 도전으로 삼는 기업이라면 100년, 아니 1000년의 영화를 누릴 수 있을 것이다.

● 이유가 있는 실패는 소중한 자산이다

◆ ◆

모토로라는 1928년 설립 이래 1990년대 중반까지 승승장구했다. 휴대폰 단말기의 최강자로서 거칠 것도 실패도 없이 기세등등했다. 그러나 아이러니하게도 '실패를 모르는 성공'이 모토로라에 오히려 독이 되었다. 당시 모토로라의 성공은 미래에 대한 우려나 두려움을 가질 필요를 느끼지 않을 정도로 대단했다. 따라서 가까운 미래에 일어날 변화조차 대비하지 않은 채 성공에 도취해 있었다.

이런 모토로라를 보면 '실패의 경험'이 기업에 얼마나 소중한 자산인지 알 수 있다. **실패는 개인이든 조직이든 겸손하게 만들고 신중하게 만드는 묘약이다.** 오늘날 잘나가는 글로벌기업은 대부분 뼈아픈 실패의 경험을 토대로 성장했다.

모토로라는 1928년에 폴 갤빈Paul Galvin이 자본금 565달러로

종업원 다섯 명과 함께 시카고에서 시작한 기업이다. 모토로라는 제2차 세계대전 중에 무선통신기기를 개발해 연합군의 승리에 기여했으며, 전후에는 7인치 TV를 생산하는 등 가정용 전자산업을 주도했다. 이어 1950년대 말에는 최초로 반도체 제조공장을 설립했으며, 1960년대에는 미국 우주개발 프로젝트에 참여하여 우주선의 통신장비와 설비를 개발하는 등 첨단산업의 총아였다.

모토로라는 1970년대 들어 가전부문을 과감하게 정리하고 통신 부문에 집중하면서 1973년 최초로 휴대폰을 만들었다. 나아가 1980~90년대에는 반도체부문에서 대성공을 거둔 데다가 1990년대 중반 이후에는 통신부문에서 연이어 눈부신 성과를 냈다. 실패를 모르는 파죽지세였다. 시장을 휩쓴 휴대전화 단말기 '스타텍'은 그 절정이었다.

그러나 1990년대 후반, 기술의 중심이 아날로그에서 디지털로 옮겨가면서 휴대전화 단말기 시장도 급변하고 있었다. 스타텍은 아날로그 기술에 기반을 둔 제품이어서 모토로라는 디지털 혁신에 대비했어야 했다. 그러나 모토로라 경영진은 시장을 독점하다시피 점유한 자만심으로 그런 변화의 움직임을 과소평가하며 코웃음을 쳤다. 정상 바로 아래 절벽에서 거대한 산

사태가 일어나고 있는데도 발밑이 꺼질 때까지 알아차리지 못한 것이다. 1998년 휴대폰 시장 1위 자리를 노키아에게 내준 이후에는 끝내 반등의 기회를 잡지 못했다.

모토로라 모빌리티는 결국 2011년 8월에 구글에 팔렸다가 뚜렷한 성과가 없자 3년도 안 되어 중국의 레노버에 헐값에 팔리는 수모를 겪었다. 한동안 세계 최대의 휴대폰 메이커로 군림했던 기업이 이리저리 팔려다니는 신세가 된 것이다.

어쩌다 이 지경이 되었을까. 2000년대 들어 히트작 레이저RAZR를 출시하여 잠시 1위 자리를 탈환한 단꿈이 문제였다. 애플이 꿈의 스마트폰을 준비하는 사이에 모토로라는 '규모의 경제'와 '시너지 효과' 그리고 '비용 절감'을 위해 인수합병에 골몰했다. 그러나 연이은 인수합병은 막대한 비용만 날린 채 실패로 돌아갔다. 눈덩이처럼 불어난 적자에 모토로라는 결국 뼈를 깎고 살을 베어냈으나 회생할 기미가 없었다. 사업 축소에 따라 대규모 감원의 피바람이 몰아치는 가운데 인적 핵심역량이 와해된 것이 치명타였다. 기술력의 기반이 무너지자 모든 희망이 사라졌다.

전자기기 업계의 황제 소니는 기술력 확보가 아니라 콘텐츠 확보차원에서 인수합병에 몰두했다. 이제 기술력은 거의 한계에 왔으니 앞으로는 콘텐츠가 기업의 경쟁력을 좌우할 것이라고 판단한 것이다. 이것이 소니 제국의 몰락을 재촉할 줄 당시에는 꿈에도 몰랐다. 실패를 모르는 승승장구가 자만을 부른 것이다.

소니는 1988년 SBS레코드를 인수한 데 이어 1989년 코카콜라로부터 세계 최대의 영화사 콜롬비아픽처스를 인수했다. 당시 소니는 가전 하드웨어 업체의 압도적인 지배자였다. 소니는 자사의 강력한 하드웨어 경쟁력을 활용하고 지속 성장을 위해 소프트웨어와의 시너지가 필요하다고 판단한 것이다. 소니는 영화 소프트웨어를 자사의 가전제품 하드웨어 기기에서 구동할 수 있다고 여겼다. 그러나 기대했던 시너지 효과는 거의 없었으며 연이은 흥행 참패로 인수 5년 만에 인수금액과 맞먹는 32억 달러의 손실을 입었다.

소니가 엔터테인먼트 사업에 골몰해 있는 동안 디지털 시대를 맞아 삼성과 LG가 예상보다 빠르게 소니를 추월해버렸다. 소니는 제국의 아성이 그토록 간단하게 무너질 줄 상상도 못했다. 소니는 여전히 세계 최고의 기술력과 브랜드 파워를 가지고 있었지만 글로벌 표준을 무시하고 자사만의 독자적 표준을 고집한 끝에 스스로 고립되어 시대의 변화만큼이나 급격하게 몰락했다.

그 어떤 위대한 기업도 영속하기는 어렵다. 세상 모든 것은 반드시 흥망성쇠가 있으니 기업도 예외는 아니어서 숙명일지도 모른다. 그러나 **한 번의 성공 경험에 안주하지 않는 기업은 그 다음을 생각한다.** 초심으로 돌아가 늘 다음을 준비하므로 반짝하다가 사라지지 않고 백년기업을 구가한다.

왜 크게 성공한 기업들이 그토록 허망하게 몰락할까? 성공을 더 큰 시작을 위한 밑천이 아니라 달콤한 열매로 여기기 때문이다. 성공의 단맛에 젖어들면 실패의 두려움을 생각지 못하고 만용과 무모함에 빠지게 마련이다. 그러나 제아무리 위대한 기업도 하루아침에 몰락의 길로 떨어질 수 있다. 무수히 명멸한 글로벌기업들이 생생하게 증명하고 있지 않은가.

삼성이나 LG, 현대자동차 같은 한국의 대표 기업들은 불과 수십 년 전만 해도 일본 기업이 만든 부품을 사다가 꿰어맞춰 파는 조립업체에 불과했다. 사실상 하청업체였다. 그러나 오늘날 소니는 삼성과 LG는 물론 중국 업체에도 밀릴 정도로 몰락했고, 포드자동차의 기술력을 빌린 조립업체에 불과했던 현대

자동차는 반세기도 안 되어 글로벌기업으로 비상한 반면 포드는 숱한 어려움을 겪고 있다.

　기업이 자기 분야의 강자로 자리 잡기까지는 숱한 곡절이 있고 피나는 노력이 있었을 것이다. 성공만이 아니라 실패도 있었을 것이다. 기업의 실패는 타산지석으로, 성공을 위한 소중한 자산이다. 그러므로 **성공 스토리를 연구하는 것은 중요하지만 실패 스토리를 연구하는 것도 그에 못지않게 중요하다.** 어쩌면 성공에서 배우는 것보다 실패에서 배우는 것이 더 많을 수도 있다. 실패에서 배울 수 있어야 같은 실패를 반복하지 않을 것이다.

2장

빅 체인지 시대의 미래,
엔터테인먼트 산업

• 게임, 걱정스런 놀이를 넘어 글로벌 비즈니스로

◆ ◆

"화투는 슬픈 드라마야."

영화 〈타짜〉에서 노름꾼의 전설 편경장이 독백처럼 던진 말이다. 화투가 놀이가 아닌 노름으로 타락했기 때문에 슬픈 드라마가 된 것이다.

포르투갈의 카르타carta라는 카드놀이에서 유래한 화투花鬪는 일본의 풍속화와 결합되어 오늘날의 형식열두 달을 상징하는 그림이 네 장씩 짝을 이뤄 48장으로 구성을 띠게 되었다. 48장의 화투는 다양한 형식의 게임을 만들어냈는데, 놀이로 가장 많이 즐기는 것은 '민화투' 와 '고스톱' 이고, 노름꾼들은 영화에서처럼 주로 '섰다' 로 겨룬다.

우리 국민의 70퍼센트가 화투를 즐긴다니 과연 '국민놀이' 로 불릴 만하다. 화투가 우리나라에 들어와 퍼진 일제강점기 이전에는 노름으로 투전이 성행했는데, 영조 때는 심각한 사회문제가 될 정도였다. 그래서 노름판이 투전판으로 불렸다. 화투도 이런 투전의 도박성을 이어받아 부정적인 이미지가 있긴 하지만 그보다는 남녀노소를 막론하고 어디서나 쉽게 즐길 수 있는 놀이로 자리를 잡았다.

그러다가 한때 '비디오 게임'으로 불렸던 온라인 게임이 생기면서 부모들의 속을 무던히도 썩였다. 아이들이 공부는 하지 않고 매일 게임에 빠져 정신을 못 차린 탓이다. 예전엔 아이들은 학교가 파하면 다들 어울려 동네를 쏘다니며 놀았지만 언제부턴가 어려서부터 야간자습으로, 학원으로, 과외수업으로 내몰려 일상이 피폐해진 가운데 많은 아이들이 PC방으로 피신하여 게임에 빠져들었다. 게임 하느라 학원을 빼먹는 것도 다반사였다.

인터넷과 함께 개인용 컴퓨터 보급이 확산되면서 온라인 게임은 PC방 뿐만 아니라 집이든 사무실이든 컴퓨터가 있는 곳이면 어디서나 가능하게 되었다. 이제 아이들 뿐만 아니라 어른들까지 게임 마니아 대열에 가세했다. 중독을 걱정해야 할 정도로 열풍이 불었다. 아이들의 지나친 게임 탐닉 문제로 속을 썩이던 엄마들은 이제 게임에 빠진 남편 때문에 걱정이 하나 더 늘었다.

그러던 중 '테트리스'가 등장하면서 게임 걱정 대장 엄마들도 온라인 게임에 재미를 붙이기 시작했다. 청소년만의 전유물로 여겨지던 온라인 게임의 세상에 어른 아이 남녀가 따로 없이 빠져드는 시대가 온 것이다.

1984년에 만들어진 테트리스는 퍼즐 게임으로, 소련과학원 컴퓨터센터의 프로그래머 알렉세이 파지트노프가 개발한 작품이다. 테트리스는 그리스어 숫자 접두어 '테트라Tetra'와 파지트노프가 좋아하던 '테니스Tennis'를 합성하여 지은 이름이다.

테트리스는 우리나라에 들어오자마자 가히 '국민 게임'이 될 정도로 열풍을 일으켰는데, 무엇보다 게임에 대한 여성의 인식을 크게 변화시켰다. 그때는 화투도 온라인 게임으로 개발되어 서비스되고 있었지만 테트리스의 재미에 비할 바는 아니었다. 당시 테트리스는 전 세계에 사본이 7억 장 이상 팔렸고, 2005년부터 시작된 휴대폰 서비스 다운로드 횟수는 연 2억 회가 넘을 정도로 변함없는 인기를 누리고 있다.

그런데 재미있는 사실은 테트리스 게임이 뇌의 효율성을 높인다는 것이다. 미국 캘리포니아대학교의 리처드 하이어Richard Haier 박사가 1992년 테트리스가 뇌에 미치는 '신경효율성' 연구를 수행한 결과다. 처음 테트리스 게임을 하면 뇌 기능이 급격히 활성화됨에 따라 뇌가 많은 에너지를 소모하지만 게임에 좀 익숙해지면 뇌는 에너지를 소모를 크게 줄이는데, 이는 테트리스에 뇌 활동이 효율화되었다는 의미다. 게다가 테트리스 게임을 하루 30분씩 석 달간 규칙적으로 하면, 비판력·추리력·인지력·언어구성력 등이 향상되면서 대뇌피질의 두께가 증가하는 것이 확인되었다.

온라인 게임에 대한 이런 긍정적인 연구 결과들이 속속 발표되면서 부정적인 인식이 상당히 불식되었지만 온라인 게임은 여전히 '아이들의 공부를 방해하고 장래를 망친다' 라는 '슬픈 드라마' 의 프레임에 갇혀 규제 대상을 벗어나지 못했다.

그러나 우리나라에서 벤처 붐이 시작된 1998년, 온라인 게임에 대한 혁명적인 인식의 변화를 가져올 사건이 일어났다. 우리나라 최초로 프로게이머가 등장한 것이다. 게임으로 밥을 벌어먹고 사는 사람이 나오다니, 부모들은 놀라고 아이들은 열광했다. 그 주인공인 신주영은 최초의 '스타크래프트StarCraft' 프로게이머로 2년간 일인자로 군림하다가 군에 입대했다. 그런 그가 휴가 중에 PC방에서 게임에 빠진 나머지 귀대 날짜를 까먹어 영창을 가는 흥미로운 해프닝을 남겼다.

스타크래프트는 블리자드 엔터테인먼트에서 제작한 실시간 전략 게임으로, 1998년에 발매되기 시작했다. 세계적으로 1,100만 장 이상이 팔렸는데, 특히 우리나라에서 전체의 40퍼센트가 팔릴 정도로 절정의 인기를 누렸다.

최초의 프로게임 팀도 탄생했다. 컴퓨터 벤처기업 청오정보기술이 발족한 '청오SG'이다. 이후 인터넷 기업을 중심으로 여러 팀이 창단되고 숱한 프로게이머들이 등장하면서 우리나라는 온라인 게임의 메카가 되었다. '미운 오리 새끼'가 온갖 수모를 견뎌내고 '백조'로 탈바꿈하여 화려한 비상을 시작한 것이다.

온라인 게임의 비상은 상상을 초월했다. e스포츠로 발전함에 따라 스타 게이머들이 연예인 못지않은 인기를 누리면서 미래 직업으로 각광받기 시작한 것도 고무적이지만, 엄청난 비즈니스 기회를 창출하면서 4차 산업혁명을 선도할 미래 산업으로 떠오른 것은 참으로 격세지감이다.

온라인 게임의 프로그래밍은 기본적으로 인공지능에 기반을 둔 가상현실과 증강현실을 구현하기 때문에 4차 산업혁명에서 중요한 선도 역할을 담당할 것으로 보인다. 사실 애플 창업자 스티브 잡스, 구글 딥마인드 창업자 데미스 허사비스, 카카오 의장 김범수, 스마일게이트 의장 권혁빈 같은 혁신의 아이콘이 자 IT 천재들도 온라인 게임 개발자로 경력을 시작했다.

스티브 잡스가 유명한 '블록 깨기' 게임을 개발한 사연은 자 못 흥미롭다. 학비가 없어서 대학을 중퇴한 잡스는 게임 회사 에 취직했다. 독특한 성격과 취향으로 동료들과 어울리지 못해 야간근무로 돌려진 잡스에게 게임 기획 및 개발 업무가 떨어졌 지만 컴퓨터 활용에는 도가 텄으면서도 프로그래밍 언어에는 까막눈이던 잡스로서는 난감했다.

그 난감함을 시원하게 해소해준 이가 바로 절친한 친구이자 애플의 공동창업자 스티브 워즈니악이다. 당시 HP에 근무하던 워즈니악은 천재 해커이자 프로그래머로 유명했는데 열렬한 게임 마니아이기도 해서 게임 회사에 다니는 친구 잡스를 부러 워했다. 잡스는 그에게 게임을 무한 제공하는 대신 게임 개발 을 도와달라고 부탁했는데, 그 몇몇 게임들 가운데 '블록 깨기'

가 크게 히트해서 잡스는 밥값을 하게 되었다.

구글 딥마인드의 창업자이자 최고경영자 허사비스는 일찍이 게임 개발에 탁월한 능력을 보였다. 불과 13세에 체스마스터가 된 그는 17세에 이미 게임 개발의 세계에 발을 들여놓았다. 프로그래밍에 도가 튼 그는 '블랙&화이트' 게임의 인공지능 개발에 참여하는가 하면 비디오 게임 개발업체를 만들어 '이블 지니어스Evil Genius' 같은 게임을 제작하기도 했다.

그러다가 게임 대신 인공지능 개발에 뛰어든 그는 2010년 스타트업 '딥마인드'를 설립했다. 인공지능 개발에서 괄목할 성과를 보인 딥마인드는 2014년 구글이 4억 달러에 인수함으로써 날개를 달았다. 구글 딥마인드가 개발한 인공지능 바둑 프로그램 '알파고'가 프로기사 이세돌과 세기의 대결을 펼친 것을 계기로 허사비스도 새삼 유명세를 치렀다.

카카오의 김범수 의장이 산업공학을 전공하고 삼성SDS에 취직했다가 퇴사하고 나서 '한게임Hangame'을 만들어 크게 히트시킨 경력은 널리 알려진 사실이다. 한게임커뮤니케이션에서 1999년부터 서비스를 시작한 한게임은 2000년 NHN네이버에 인수된 뒤 그해 일본, 2006년에는 미국에까지 서비스를 확대했다.

김범수는 이후 NHN 대표로 활동하다가 사직하고 카카오를 설립했는데, 2010년 카카오톡KakaoTalk을 만들어 서비스함으로써 또 하나의 신화를 작성했다. 지금은 스마트폰을 가진 거의 모든 국민이 애용하고 있을 정도로 '국민 메신저'가 되었다. 카카오는 2014년에 다음커뮤니케이션과 합병하면서 다음카카오가 되었다가 이듬해 다시 카카오로 사명을 바꾸었다.

우리나라 IT업계에서 최고 부자로 꼽히는 권혁빈은 2002년에 스마일게이트를 설립하고 2008년 대표작 '크로스파이어'를 개발하여 중국 텐센트를 통해 중국에 서비스함으로써 엄청난 성공을 거두었다. 이 성과를 바탕으로 그는 게임업계 발전을 주도하게 되었으며, 텐센트는 이때 벌어들인 돈을 밑천으로 아시아 제일의 글로벌기업이 되었다.

기업인으로서 이룰 것은 충분히 이루었다고 여긴 권 의장은 "미래 세대를 위해 보다 나은 세상에 일조하기 위한 사회공헌사업에 전념"하기로 결심하고 WCGWorld Cyber Games 대표이사의 중책을 맡았다. WCG는 'WCG 2019' 대회를 2019년 7월에 중국 시안에서 개최한다고 발표했다. 14년 동안 세계 최대 e스포츠 대회로 군림하다가 2013년 중국 쿤산 대회를 끝으로 중단된 대회가 5년 만에 재개되는 것이다. 그 중심에 선 권 의장은 "재개되는 WCG는 전 세계인이 함께 즐길 수 있는 새로운 형태의 글로벌 e스포츠 페스티벌"이 될 것이라고 자신했다. 2017년 스마일게이트를 통해 WCG 브랜드를 인수하면서 준비한 일이었다.

이처럼 쟁쟁한 인물들이 게임 산업 초창기를 장식했다. 온라인 게임은 '걱정스런 놀이' 이미지를 벗고 2018 아시안게임 시범 종목에 채택되는 등 이미 명실상부한 글로벌 e스포츠로 발돋움했으며, 2017년 36억 달러의 수출 실적을 올려 우리나라 콘텐츠 분야 최대 수출액을 기록했다. 전 세계 e스포츠 시청자가 수억 명에 이르는 가운데 '리그 오브 레전드' 게임의 스타플레이어는 연수입이 수십 억 원에 이른다. 문화 스포츠와 미래 산업이라는 양 날개를 단 온라인 게임의 글로벌 비즈니스 잠재력은 상상을 초월한다.

e스포츠 산업 종주국의 불안한 미래

2017년, 4만여 명이 베이징올림픽 주경기장을 가득 메운 채 열광했다. 웬일일까? 온라인 게임 세계대회 결승전이 벌어진 것이다. 중국 선수가 결승에 오른 것도 아닌데 일찌감치 표가 매진되어 암표 값이 100만 원을 웃돌았다. 결승전을 치르는 두 선수는 모두 한국 선수다. 그 가운데 페이커Faker, 이상혁의 인기는 축구의 메시에 비견될 정도다.

e스포츠의 종주국으로 불리는 우리나라의 위상은 아직 건재하다. 서울시 마포구 상암동 e스타디움에서는 한국 리그 온라인 게임이 매일 실시간으로 중계된다. 동시 시청자가 80만 명에 이르는데 해외 시청자가 70만 명을 차지하는 세계 최고 리그로, 축구의 EPL, 농구의 NBA와 비견된다. 이제 스타디움에는 아이들만 오는 게 아니다. 아이들 손을 잡고 오는 부모들도

제법 많아졌다. 부모들은 여기 와서 보고 그동안 온라인 게임에 대해 가졌던 편견을 싹 씻어낸다. 한 술 더 떠, 축구나 야구보다 더 재미있다고 입을 모은다. 청소년의 전유물이던 '공부 방해꾼'이 이제 부모 자식 간의 거리를 메워주고 아이들의 꿈을 키워주는 스포츠 문화로 자리를 잡아가는 성싶다.

그렇다면 온라인 게임을 산업 차원에서 보는 한국의 위상은 어떨까? 2000년대가 시작되기도 전에 우리나라 게임 산업은 눈부시게 성장하기 시작했다. 벤처 열풍도 한몫했지만 창의적인 인재들이 게임 산업으로 유입되어 새로운 산업의 날개가 되었다. 산업혁명의 발상지인 영국도 "제조업 중심의 경제 기반에서 어떻게 저런 창의적인 산업이 성장할 수 있는지" 놀라워했다. 한국의 천재들이 다양한 콘텐츠의 게임을 쏟아냈다. 한국에서 인기를 끌면 곧 세계적인 게임이 되었다. 세계의 내로라하는 게임 회사들이 돈을 싸들고 한국으로 몰려들었다. 게임의 판권을 사기 위해서였지만 일부 큰손들은 아예 게임 개발회사를 사들이기 위해 보따리를 풀었다.

우리나라가 세계 온라인 게임 시장을 주도하게 만든 선두주자는 '리니지' 게임이다. 신일숙의 만화 《리니지》를 원작으로 엔씨소프트가 개발한 리니지는 1998년 9월에 상용 서비스를 시작할 무렵만 해도 동시 접속자가 100명에 불과했다. 그만큼 온라인 게임이 대중화되지 않은 시기여서 고전했다. 그러나 에피소드가 계속 보태지면서 2002년 들어 동시 접속자가 20만 명에 이르렀다.

이렇게 온라인을 통한 다중접속게임에 재미가 들린 유저들이 급증하면서 처음으로 게임 중독이 사회문제가 되기도 했다. 게임에 지나치게 몰두한 나머지 일상생활을 저버린 '리니지 폐인'이 속출했으며, 급기야는 장시간 연속해서 게임을 하다가 사망하는 일까지 생겼다. 게임 속의 아이템을 오프라인에서 사고파는 것이 사회문제로까지 번진 부작용도 초기에는 거의 리니지 때문이었다. '메이플 스토리', '서든 어택' 같은 게임도 이 무렵 출시되어 세계 시장 주도에 힘을 보탰다.

타이완에서는 리니지가 2000년 7월 서비스 개시 12일 만에 동시 접속자 1만 명을 넘기는 등 한국 게임 붐이 일어났으며, 이후 중국·홍콩·일본·북아메리카 등지로 서비스 지역을 넓힘에 따라 리니지는 글로벌 게임이 되었다. 2017년 한 해 매출이 3,000억 원에 이르고, 누적 매출은 서비스 개시 20년이 되는 2018년 들어 2조5,000억 원을 넘어섰다.

이런 역사를 거쳐 최근 새롭게 전 세계의 이목을 집중시키고 있는 게임은 '플레이어언노운스 배틀그라운드PlayerUnknown's BattleGrounds' 다. 펍지가 개발하여 2017년부터 스팀을 통해 서비스를 개시한 서바이벌 슈팅 게임으로, 본인을 포함해 한 번에 최대 100명의 플레이어들과 광활한 전장에서 최후 1인으로 생존하기 위해 배틀을 벌이는 스토리를 담고 있다. 우리나라 게임 사상 처음으로 '글로벌 게임 플랫폼'이 된 이 게임은 전 세계 유저가 4억 명을 넘어섰으며, 누적 판매량은 5,000만 장을 기록했다.

'G-STAR 2018'이 2018년 가을을 후끈 달궜다. 배틀 로열 장르의 총싸움 게임 대전이 벌어진 것이다. 세계적인 흥행을 거둔 배틀그라운드와 에픽게임즈의 '포트나이트'가 정면으로 맞붙었다. 포트나이트는 북미를 중심으로 전 세계 유저가 2억 명에 이를 만큼 폭발적인 인기를 끌고 있지만 정작 게임의 메카인 한국에서는 인지도가 아직 낮은 상태다. 그래서 에픽게임즈는 행사가 열리는 부산시 곳곳에 광고물을 설치하고 PC방 서비스를 시작하는 등 한국 시장 공략에 적극 나서고 있다. 여기에 배틀그라운드는 'KT 5G 배틀그라운드 모바일 스트리트 챌린지'를 개최하는 등 가능한 모든 수단을 동원하여 맞불을 놓았다.

게임 산업은 한국이 민간기업 주도로 글로벌 시장을 주도한 거의 유일한 지식서비스산업으로, 현재 세계 시장 점유율이 6.3퍼센트에 이르고, 특히 온라인 게임 시장은 28.6퍼센트를 차지하고 있지만 중국에 이은 세계 2위다.

게임 산업은 무엇보다 일자리 창출에 크게 기여해왔다. 게임 산업 종사자는 연평균 20퍼센트씩 증가해 산업 평균 증가율3퍼센트보다 7배나 높다. 종사자는 대부분이 40대 이하의 청년층으로 특히 청년층의 전문직 일자리 창출에 기여도가 높다.

사실 온라인 게임은 '혁신' 을 먹고 사는 혁신의 아이콘이라 해도 과언이 아니다. 그러나 오늘날 이른바 3N 사 넥슨, 엔씨소프트, 넷마블가 독과점 체제를 구축할 정도로 공룡이 된 우리나라 게임 회사들은 혁신의 활력을 잃고 현실에 안주한 나머지 점점 종주국의 위상을 잃어가고 있는 형국이다. 우리나라에 1,000개가 넘는 게임 개발 기업이 있지만 매출의 60퍼센트를 차지하는 3N 사는 게임 개발 재투자에 인색하고 중소기업들은 극심한 자금난을 겪고 있어 투자 여력이 없다. 특히 중국의 팽창은 무서운 기세여서 이대로 가다가는 우리의 게임 산업은 중국 게임 산업의 '부록' 신세가 될 위험에 놓여 있다.

2017년 한 해 동안 중국 기업이 개발한 모바일 게임이 한국 시장에서 벌어들인 돈이 1,960억 원으로 전년 대비 70퍼센트나 성장했다. 그 중심에는 텐센트Tencent Holdings가 있다.

텐센트는 시가총액5,400억 달러으로 보면 아시아 제일의 거대 기업으로, 일찍이 한국의 게임을 수입하여 큰 돈을 벌어들인 회사다. 텐센트는 '크로스파이어' 라는 한국 게임을 수입하여 서비스함으로써 해마다 1조 원의 현금흐름을 확보했다. 크로스파이어는 중국 e스포츠의 시작이자 '국민 게임' 이 되었을 정도로 폭발적인 인기를 끌었다. 텐센트는 이 돈으로 슈퍼셀노르웨이을 비롯한 세계 유수의 게임 기업들을 사들였다. 슈퍼셀 인수에 들인 돈은 무려 86억 달러였다.

2011년에는 리그오브레전드의 개발사인 라이엇게임즈를 4억 달러에 인수했으며, 이후 한국 빅3의 하나인 넷마블 지분을 인수하여 대주주의 위치에 있다. 나아가 현재 가장 핫한 온라인 게임인 배틀그라운드까지 눈독을 들이고 있다고 하니, 등골이 오싹한 기세다.

중국의 온라인 게임을 비롯한 대중문화는 중국이 경제적 부를 이룬 1990년대 이후 세대인 주링허우九零後가 주도하고 있다. 어려서부터 인터넷과 모바일 사용이 일상화된 이들은 2억 명에 이르는데 정치에는 별 관심이 없다. 그래서 사드로 인한 한한령限韓令이 내려졌을 때도 중국 음원 사이트에서는 GD가 부른 OST가 여전히 1, 2위를 차지할 정도로 한류문화에 변함없는 애정을 보였다.

앞서 말한 텐센트는 1998년에 설립되어 불과 20년 만에 중국 최대의 메신저 기업이자 세계 최대의 온라인 게임 기업으로 발돋움했다. 무엇보다 온라인 게임의 글로벌 추세가 모바일 게임 중심으로 편재되고 있는 가운데 텐센트를 비롯한 중국 기업들은 모바일 게임에 더욱 집중하고 있다. 실제로 전체 게임 매출 비중도 해마다 모바일 게임 쪽으로 급격하게 쏠리고 있다.

그동안 온라인 게임의 종주국으로 자처해온 우리도 이제 더 늦기 전에 게임 산업 전반을 점검하고 다시 혁신의 활력을 일으킬 방안을 마련해야 할 것이다. 후발 주자 중국의 게임 기업들은 이미 종주국의 기업들을 따돌리고 저만치 앞서가고 있다.

한류, 드라마에서 K-팝까지

◆ ◆

한류韓流의 시작이라면 흔히 TV 드라마를 떠올리게 마련이다. 2002년 KBS TV에서 방영한 〈겨울연가〉가 일본에 한류 열풍을 불러일으킨 기폭제가 된 것은 사실이다.

〈겨울연가〉는 그해 NHK TV에서 〈겨울 소나타冬のソナタ〉라는 제목으로 방영되었는데, 특히 여성들에게는 전 일본 열도가 들썩일 정도로 엄청난 인기를 끌었다. 주연 배우 배용준은 '욘사마'로 불리며 거의 신神으로 떠받들렸으며, 촬영지는 성지聖地로 여겨졌다. 특히 일본 여성 팬들에게는 촬영지를 찾는 일이 성지순례나 다름없었다.

이 열풍을 계기로 일본 뿐 아니라 아시아 여러 나라에서 한국의 드라마와 영화, 음악과 같은 대중문화에 대한 관심이 부쩍 높아지면서 한국의 대중문화 스타들이 본국에서보다 더 높은 인기를 끌며 최고 대우를 받게 되었다.

그러나 '한류'라는 말은 그전에 타이완에서 비롯되었다. 〈겨울연가〉가 나오기 전인 2000년 무렵부터 이미 한국의 드라마나 영화가 아시아 여러 나라들에서 방송되어 계속 인기가 끌자 이런 현상을 타이완 언론이 '한류 열풍Korean wave fever'으로 보도했다. 이후로 '한류'라는 말이 아시아 전역에 널리 퍼진 것인데, 한국에도 역수입되어 언론에서 널리 쓰게 되었다.

사실 멀리 보면 한류의 자취는 조선시대의 문학과 예술 그리고 학문에서도 드물지 않게 발견되지만 아주 멀리는 통일신라시대 고운孤雲 최치원崔致遠까지 거슬러 올라간다.

최치원은 12세에 당나라에 유학하여 18세에 장원급제한 이후 당나라 관리로 재직하는 중에 문인들과도 교류하면서 문명文名을 떨쳤다. 그는 4년간 당나라 장수 고변의 종사관으로 근무하면서 1만 편의 문서를 작성했는데, 특히 881년에 지은 〈격황소서檄黃巢書〉는 당나라 조야의 극찬을 받았다.

이후 최치원은 문장가로 당나라 최고 인기 스타가 되었다. 그는 외국인이라서 중용되지 못하자 885년에 귀국하여 조국 신라에서 포부를 펼치고자 했다. 그러나 골품제가 가로막고 있는

데다가 혼란이 극에 달해 망해가는 나라에서 그가 할 수 있는 역할은 없었다. 희대의 천재 최치원은 비록 당대 최고 문장가로서 아시아 대륙에 이름을 드날렸지만 시대를 잘못 만나 세상일에 미련을 버리고 남도 일대를 유랑하다가 해인사에서 영면에 들었다.

비록 최치원이 당대 최고 문장으로 당나라 학자들의 인정을 받긴 했지만 대중을 열광시킨 스타라고 하기는 어려워 최초의 한류로 보기엔 무리일 수도 있다. 그러나 조선시대에 임금이 일본 바쿠후幕府 정권의 쇼군將軍에게 보낸 통신사절단은 대중의 열광을 받았다는 점에서 최초의 한류로 봐도 손색이 없다.

조선은 창업 이전부터 노략질이 극심하던 왜구를 제어하기 위해 창업 직후 일본에 사신을 파견했다. 이를 계기로 통신사절단의 왕래가 이어져 조일 양국은 조일전쟁1592~1598년 기간을 제외하고는 15세기 초부터 19세기 초까지 400년간 우호관계를 형성했다.

조일전쟁으로 중단된 통신사절단 파견은 전후 사명대사와 도쿠가와 이에야스의 교섭으로 재개되었다. 이후 도쿠가와 바쿠후의 쇼군 계승과 같은 국가 대사가 있을 때면 바쿠후의 요청으로 통신사절단이 파견되어 양국의 교류가 이어졌다.

조선통신사절단朝鮮通信使節團은 정치외교를 넘어 대규모 문화사절단의 면모를 갖췄다. 삼사三使, 정사·부사·종사관를 비롯하여 화원畫員·의원醫員·역관譯官·악사樂士 등 500명에 이르는 사절단의 행렬은 그야말로 장관이어서 사절단이 지나는 길목마다 구경 인파가 구름처럼 모여들었다. 특히 말 위에서 온갖 재주를 부리는 마상재馬上才는 열광적인 인기를 끌었다.

박지원이 쓴 한문소설 〈우상전虞裳傳〉에서도 마상재를 상세히 소개하고 있다. 영조 때 사절단의 수행원으로 파견된 역관 우상은 문장으로 일본 열도를 놀라게 한 인물이다. 일찍이 우상의 재능을 알아본 박지원은 그의 요절을 안타깝게 여긴 나머지 〈우상전〉을 지어 그를 기렸다.

조선 한양에서 일본 에도까지의 길은 양국 80여 지역을 지나는 왕복 4,500여 킬로미터로, 한 번 다녀오려면 8개월 이상 걸리는 머나먼 길이었다. 쇼군 면담 일정이 꼬이거나 뱃길이 순조롭지 못하면 길게는 2년이 걸리기도 했다. 조선통신사절단이 뜨면 일본 열도가 온통 들썩였다. 사절단이 지나는 길마다 가득 몰려나온 사람들이 열광적인 환호를 보냈다. 일본인의 열광은 사절단이 부산항에서 배에 오르기 전부터 이미 시작되었다. 통신사에게 자신들이 쓴 시문詩文의 평을 받기 위해 사절단이 부산항에 도착하기 전부터 줄을 지어 기다렸다.

이러니 일본의 바쿠후 정권으로선 막대한 비용을 부담하고서라도 조선에 통신사절단 파견을 요청하지 않을 수 없었다. 통신사절단을 맞이하는 일은 바쿠후의 위신을 크게 세우는 일이었다. 또 일본의 문화를 크게 고양하는 일이기도 했다.

부산항에서 출발한 통신사 선단은 오사카만을 거쳐 에도에 닿았다. 에도에 내린 사절단과 이들을 맞이하는 접객 인원까지 2,000명이 넘는 행렬이 장관을 이루는 연도에는 엄청난 인파가 몰려 북새통을 이루었다. 사절단 행렬을 보려고 멀리서 온 사람들은 노숙도 마다하지 않았고, 통신사의 글을 받으려는 사람들이 장사진을 쳤다.

통신사로 다녀오는 길에 쓰시마에서 고구마 종자를 들여와 보급함으로써 빈민 구휼에 이바지한 조엄1719~1777년의 《해사일기》에도 사절단의 인기가 얼마나 선풍적이었는지 상세히 기록하고 있다.

"큰 고을에 도착하면 통신사절단 앞은 인산인해를 이뤘다. 시詩를 보이려고 온 사람, 필담을 나누려고 온 사람, 구경하러 온 사람에 이르기까지 적어도 수백 명이 몰려들었다. 심지어 조선 사신들의 글을 받기 위해 새치기를 하는 자들도 있었다."

조선통신사절단 말고도 성리학의 퇴계 이황, 시문의 이옥봉과 허난설헌, 그림의 김홍도, 서예의 추사 김정희 같은 재사들도 일본 열도와 중국 대륙을 진동시킨 한류 스타라고 할 수 있다. 가령, 허난설헌의 시집詩集은 동생 허균이 역모로 처형될 때 함께 모두 불살라져 영영 사라질 뻔했으나 다행히 그전에 중국에서 먼저 발간된 덕분에 살아남아 오늘날까지 전한다. 허균이 누이의 시편들을 사신으로 온 명나라 문사들에게 전함으로써 시인 허난설헌은 일찍이 중국 문단의 최고 스타가 된 터라서 조선에 앞서 시집이 발간된 것이다.

현대에 와서 드라마나 영화와 같은 영상매체로 촉발된 한류가 아시아를 벗어나 글로벌 현상으로 발전한 계기는 아이돌 스타를 앞세운 K-팝Korean Popular Music의 등장이었다. 2005년 일본에서 보아와 동방신기가 활동하면서 K-팝 열풍이 불기 시작했다. 이후 카라, 소녀시대, 원더걸스, HOT 같은 아이돌 그룹의 등장으로 K-팝의 인기는 아시아를 넘어 유럽, 중동, 남미로 확산되면서 한국어 붐까지 일으켰다.

그러던 2012년 싸이의 '강남 스타일'이 말춤과 함께 선풍적인 인기를 끌면서 미국 시장까지 강타했다. 그전에 미국 '빌보드 핫 100' 차트에 K-팝으로는 처음으로 원더걸스의 'Nobody'가 진입하기는 했지만 영국·독일·프랑스를 비롯한 유럽 주요 30개국 이상의 공식 차트에서 1위를 차지하고 미국 '빌보드 핫 100' 차트 2위까지 치고 올라가 7주간 유지한 '강남 스타일'에 와서야 K-팝은 견고한 미국 시장에서의 가능성을 보여주었다. 2019년 1월 현재 유튜브 조회 수 32억 건을 넘긴 '강남 스타일'은 세계 디지털 음악사상 가장 많이 팔린 싱글 중 하나가 되었다.

세계 시장에서 '강남 스타일'로 한 차례 거센 바람을 일으킨 K-팝은 7인조 아이돌 그룹 방탄소년단BTS에 이르러 세계 정상에 오르는 개가를 올렸다.

2013년 싱글 앨범 '2COOL 4SKOOL'로 데뷔한 BTS가 2018년 5월에 발표한 3집 'LOVE YOURSELF 轉 Tear'가 K-팝 사상 처음으로 미국 빌보드 메인 차트 '빌보드 200' 1위에 오르고, 타이틀 곡 'FAKE LOVE'가 빌보드 싱글 차트 'TOP 10'에 오른 것은 K-팝이 마침내 세계 대중음악의 중심으로 진입했다는 것을 뜻한다. 한류가 K-팝을 업고 또 한 번 비상하게 된 것이다.

한편, 다른 분야에서는 특별한 한류가 기세를 올리고 있다. 베트남 축구 국가대표팀 박항서 감독이 일으키고 있는 '스포츠 한류'다. 당시 베트남 대표팀 감독 후보는 무려 300명에 이르렀다. 박항서의 이력서는 그 300장 중 하나였다. 이때 박항서의 진가를 알아보고 감독 선임을 주도한 사람이 위르겐 게데 베트남축구협회 기술위원장이다. 그는 독일에서 선수 생활을 마친 뒤 줄곧 아시아 축구계에 몸담아왔다. 이란, 우즈베키스탄에서 대표팀 감독을 지내고 2016년 베트남으로 건너와 축구협회 기술위원장을 맡고 있다. 그가 박항서를 추천한 결정적인 이유에는 풍부한 국제 대회 및 리그 경험도 있지만 무엇보다 새로운 축구에 대한 열정 때문이다.

"그와 앉아서 이야기를 나눴다. 새로운 축구에 대한 비전과 열정이 그를 가득 채우고 있었다. 대화를 마친 뒤 나는 그를 베트남 축구 국가대표팀 감독으로 추천했다."

이렇게 베트남으로 간 박항서는 특유의 '아버지 리더십'으로 어린 선수들을 다독이고 담금질하여 베트남 축구 역사를 새로 써가고 있다. 그러는 가운데 지난날 베트남전쟁 문제로 한국에 대해 갖고 있던 베트남인의 앙금도 시나브로 씻겨가고 있다. 수백 명의 외교관도 해내지 못한 일을 축구 하나로 해내고 있다는 찬사가 이어진다.

◦ 전인미답의 길, 방시혁과 방탄소년단

◦ ◦ ◦

2018년 9월 25일, 한국의 한 젊은이가 말쑥한 정장 차림의 동료 여섯 명에 둘러싸인 채 그룹을 대표하여 유엔본부 회의장 연단에 서서 연설을 시작했다.

"초기 앨범 '인트로' 중에 "9~10세 정도에 제 심장이 멈췄다" 라는 노랫말이 있습니다. 돌이켜보니 그때가 다른 사람들이 저를 어떻게 보는지 인식하고, 그들의 눈을 통해 저 자신을 보기 시작한 때였습니다. 밤하늘과 별을 바라보는 것을 멈췄고, 꿈 꾸는 것을 멈췄습니다. 그 대신 다른 사람들이 만드는 시선에 저 스스로를 가뒀습니다. 이어 저 자신의 목소리를 내는 것을 멈췄고, 다른 사람들의 목소리를 듣기 시작했습니다. 누구도 제 이름을 불러주지 않았고, 저조차도 제 이름을 부르지 않았습니다. 제 심장은 멈췄고, 제 눈은 감겼습니다.

이런 것들이 우리와 다른 사람들에게 일어나고 있습니다. 우리는 유령이 됐습니다. 이때 음악이 작은 소리로 "일어나서 너 자신의 목소리를 들어라" 라고 말해주었습니다. 하지만 음악이 저의 진짜 이름을 부르는 소릴 듣기까지 꽤 오랜 시간이 걸렸습니다. 중략

어제 저는 실수를 했을지도 모릅니다. 하지만 어제의 저도 여전히 저입니다. 오늘의 저는 과거의 실수들이 모여서 만들어졌습니다. 내일, 저는 지금보다 조금 더 현명할지도 모릅니다. 이 또한 저입니다. 그 실수들은 제가 누구인지를 얘기해주며, 제 인생의 우주를 가장 밝게 빛내는 별자리입니다. 내가 누군지, 내가 누구였는지, 내가 누구이고 싶은지를 모두 포함해 나를 사랑하세요. 중략

모두에게 묻고 싶습니다. 여러분의 이름은 뭔가요? 여러분의 심장을 뛰게 하는 것은 뭔가요? 여러분의 이야기를 들려주세요. 여러분의 목소리와 신념을 듣고 싶습니다. 여러분이 누군지, 어디에서 왔는지, 피부색은 뭔지, 성 정체성은 뭔지, 스스로에게 말하세요. 스스로에게 말을 걸면서 여러분의 이름을 찾고, 여러분의 목소리를 찾으세요."

7분에 걸친 청년의 연설이 끝나자 청중의 우레와 같은 박수가 쏟아졌다. 그 자리에 함께한 유엔 사무총장, 유니세프 총재, 세계은행 총재, 르완다 대통령, 김정숙 여사를 비롯한 세 명의 퍼스트레이디도 박수를 아끼지 않았다.

연설의 주인공은 얼마 전에 미국 '빌보드 200' 차트 정상에 오른 BTS의 아티스트 RM_{김남준}이었다. 이로써 그는 유엔 무대에서 연설한 한국 최초의 가수가 되었다.

BTS의 소속사인 '빅히트'는 데뷔 당시만 해도 사람들이 이름도 잘 모를 만큼 작은 엔터테인먼트 회사였지만, 그 대표이자 BTS를 키운 '아버지' 방시혁은 이미 작곡가로서 명성을 날린 터였다.

그는 중학생 때부터 밴드 활동을 했을 정도로 음악에 신명이 들렸다. 기타를 치며 음악 인생을 꿈꾸기도 했지만 학교 성적도 뛰어났던 그는 부모의 기대를 저버리지 않고 서울대 미학과에 진학했다. 그러나 음악에 신명 들려 들끓는 자기 안의 열정을 어쩌지 못하고 대학에 들어가자마자 음악 활동에 몰두했다. 1995년 남성 듀오 체크의 '인어 이야기'를 작곡하여 작곡가로 데뷔한 그는 그해 열린 유재하 음악경연대회에서 동상을 받으면서 주목받았다.

1997년 박진영의 JYP엔터테인먼트에 작곡가 겸 프로듀서로 발탁된 그는 박진영과 1972년생 동갑나기였다. 이후 그의 손끝에서 주옥같은 히트곡들이 쏟아졌다. 박진영의 '이별 탈출', 지오디의 '하늘색 풍선', 박지윤의 '난 사랑에 빠졌죠', 비의 '나쁜 남자' 등이었다. JYP는 방시혁이 프로듀서로 일하는 동안 질적·양적으로 크게 성장했다. 인재를 알아본 박진영의 안목이 또 한 번 빛을 발한 것이다.

방시혁은 2005년 '빅히트'를 설립하여 독립한 이후 온통 빅3JYP, SM, YG의 그늘로 덮인 음악시장에서 고군분투하며 암중모색했다. 바나나걸을 시작으로 케이윌, 에이트, 임정희 등의 프로듀싱을 진행한 그는 2008년 전환점을 맞았다. 그가 작곡한 백지영의 '총 맞은 것처럼'이 그해 크게 히트한데다가 그동안 쓴 곡들의 인세 수입이 늘어나 그에게 적잖은 투자 여력을 안겨주었다.

2008년 그는 남성 힙합그룹 결성을 염두에 두고 당시 고등학생이던 랩몬스터RM 김남준를 스카우트한 것을 시작으로 끼와 재능이 넘치는 멤버들로 그룹을 결성했다. 이 그룹이 5년의 수정과 숙성을 거쳐 2013년 〈No more dream〉으로 데뷔한 '방탄소년단'이다.

방탄소년단의 음악과 행보는 여느 아이돌 그룹과는 판이하게 달랐다. 프로듀싱과 프로모션을 맡은 회사가 워낙 작아서 다를 수밖에 없기도 했다.

먼저 BTS의 노래는 무엇보다 보편적 메시지를 담고 있어 넓은 공감대를 형성한다. 그래서 초기에 멤버들이 고등학생이던 때에는 학교 이야기, 즉 자신들의 이야기를 담았다. 전문가들은 이미 서태지 때 다 우려먹은 학교 이야기를 또 들고 나온다며 미쳤다고 했지만 오히려 공감대가 넓어져서 호응을 이끌어냈다. 이른바 '전문가'들은 고정관념에 갇혀서 스스로 창의력을 말살하기 쉬운데, 방시혁은 모든 고정관념을 거부하고 많은 것을 멤버들이 스스로 결정하고 채우도록 맡기고 격려했다. 그 자신도 천재로 자부하지만 더 젊은 천재들의 천재성을 한껏 이끌어내고자 했다.

내딛는 걸음마다 K-팝의 새로운 역사가 되고 있는 BTS의 성공 비결은 뭘까? **한마디로 WHAT보다 HOW에 집중한 것이 비결이다. 콘텐츠의 함정에서 벗어나 '브랜드 커뮤니케이션'으로 연결성을 중시한 것이다.** BTS의 멤버들은 모두 SNS 스타이기도 하다. 자신의 사소한 일상까지도 하나하나 손수 '작품'으로 만들어 팬들과 공유함으로써 늘 함께한다는 느낌을 유지한다.

마케팅학자 조나 버거는 《컨테이저스 전략적 입소문》에서 인사이더의 법칙, 감성의 법칙, 대중성의 법칙, 이야기성의 법칙 등을 제시한다. BTS의 성공은 이 네 가지 법칙을 빌려 설명할 수 있다.

'인사이더 법칙'은 남에게 좋은 인상을 주는 것이다. BTS는 봉사활동과 같은 선한 행동을 통해 팬클럽 '아미'의 팬덤을 이끌어낸다. 팬들은 자발적으로 음반가게에 들러 판매를 자극하고, 인기 음악 프로그램에는 신청곡으로 방송을 요청한다. 또 언제 어디를 가든 자부심을 갖고 BTS를 홍보한다.

'감성의 법칙'은 또래집단의 내면에 웅크린 정서를 끌어내고 시대정신을 담아냄으로써 지친 마음을 어루만지는 것이다. 거기에 자신의 시시콜콜한 일상까지도 커뮤니티에 올려 팬들과 소통하는 '대중성의 법칙'으로 신비감을 벗고 우상이 아니라 친구가 된다. 우상은 숭배의 대상일 뿐 위로를 주지 못하지만 친구는 힘들 때 위로가 되는 존재다. 바로 이 대목에서 BTS는 기존의 아이돌 그룹과는 크게 다르다.

끝으로 '이야기성의 법칙'이다. BTS는 노래뿐만 아니라 자신들의 성장 과정이나 노래에 얽힌 사연까지도 공유한다. 그래서 팬들은 일방적으로 노래만 듣는 수동적 존재가 아니라 함께 대화를 나누는 능동적 존재로 느끼게 된다.

이런 요소들이 시나브로 BTS를 키웠다. 그래서 정상에 오르기까지 시간이 좀 걸리긴 했지만 BTS가 딛고 서 있는 토대는 반석처럼 굳건하다. 방시혁과 BTS는 출발부터 해외시장 공략을 전혀 염두에 두지 않았다. 노랫말도 모두 한국어이고, 외국인 멤버를 섞지도 않았다. 그렇다고 멤버들이 외국에서 공부한 것도 아니다. 영어를 자유롭게 구사하는 RM도 시트콤을 통해 영어를 익혔다고 한다. 그들은 오직 K-팝의 공유가치를 높이고 기본에 충실했다. 결국 그들은 '가장 한국적인 것이 가장 세계적이라는 것'을 실증해보였다.

그들의 시작은 초라했다. 데뷔 초기 '망하는 줄 알았다'던 BTS는 오늘날 눈부신 여정 위에 있다. 그야말로 전인미답의 길을 개척해가고 있는 그들이 끼친 영향은 돈으로만 환산할 수 없는 엄청난 가치를 지닌다.

K-팝은 방시혁과 BTS로 인해 새롭게 비약할 수 있는 절호의

기회를 맞았다. 방시혁과 BTS라는 개인플레이에 머물지 않고 전체 산업 차원에서 이 기회를 살리려면 체계화된 지원 및 육성 프로그램이 마련되어야 할 것이다.

우리나라 엔터테인먼트 시장을 독식하다시피 해온 빅3의 2017년 영업이익 합계가 325억 원인데, 방시혁의 빅히트는 사실상 BTS 하나로 300억 원의 영업이익을 올렸다. 2018년 영업이익은 2배쯤 될 것이라고 하니, 엄청난 비약이다.

2018년 4월, 넷마블의 방준혁 의장이 빅히트에 2,014억 원을 투자한다고 발표했다. 이울러 BTS를 모델로 한 게임을 만들어 출시한다는 계획도 비쳤다. 현재 장외에서 거래되고 있는 빅히트의 주가를 적용하면 기업 가치는 7,000억 원에 이른다. 기업 공개를 하게 되면 그 가치는 1조 5,000억 원까지 오를 것으로 보인다지만 그건 예측일 뿐, 방시혁과 그 아이들이 어디까지 날아오를지는 아무도 모른다.

3 장

상상과 현실이 가져온
불편한 진실

● 블록체인이 불러올 미래 ─────────────

● ● ◆

블록체인은 '블록을 잇달아 연결한 모음'을 말하는데 블록에는 일정 시간 동안 확정된 거래 내역이 담긴다. 이 블록은 네트워크 내의 모든 참여자에게 전송되어 해당 거래의 타당성을 확인받는다. 이때 참여자 과반수의 데이터와 일치하는 거래내역만 정상거래로 인정하는 방식으로 보안의 안정성을 유지한다. 승인 절차를 밟는 셈이다. 이 절차를 통과한 블록만 기존의 블록체인에 연결되면서 송금이 이루어진다. 은행과 같은 제3자가 거래를 보증하는 신용 기반이 아니라 시스템으로 네트워크를 구성하여 거래 당사자끼리 가치를 교환할 수 있도록 한다는 것이 블록체인 구상이다.

블록체인 기술이 쓰인 대표적인 사례가 전자화폐의 상징으로 통하는 '비트코인'이다. 비트코인의 개발자로 알려진 사토시 나카모토는 논문 〈비트코인: P2P 가상화폐 시스템〉에서 "비트코인은 전적으로 거래당사자 사이에서만 오가는 전자화폐"라고 정의한다. P2PPeer to Peer 네트워크를 통해 이중지불을 막는 데 쓰이는 기술이 바로 블록체인이다.

비트코인에서 10분에 한 번씩 만드는 거래내역 묶음이 '블록'이다. 그러니까 블록체인은 비트코인의 거래 기록을 저장한 거래장부다. 블록체인은 신뢰가 필요한 온라인 거래에서 비트코인을 비롯한 전자화폐의 해킹을 방지하는 보안기술로 사용되고 있다. 비트코인은 은행이나 환전소를 거치지 않고 당사자 간 직거래를 하므로 수수료가 적거나 없다. 다만, 신뢰가 관건인 온라인 직거래 특성상 화폐를 암호화하는 방식을 택한 것이다. 비트코인은 특정한 비밀 키를 가진 사용자만 정보를 확인할 수 있는 공개 키 암호 방식을 사용한다. 거래내역을 중앙 서버에 저장하는 시중 금융기관과 달리 블록체인은 비트코인을 사용하는 모든 사람의 컴퓨터에 저장된다.

이처럼 누구나 거래내역을 확인할 수 있어 공공거래장부로 불린다. 거래장부가 공개되어 있고 모든 사용자가 사본을 가지고 있으므로 해킹을 통한 위조도 의미가 없게 된다. 블록체인은 대표적인 핀테크 기술로 비트코인 외의 다른 온라인 금융거래에도 활용될 것이다. 블록체인 기술은 부정행위를 방지하기 위한 투표에도 적용할 수 있는데, 이는 고대 그리스의 직접민주주의에 비견되기도 한다. 스페인의 신생 좌파 정당 '포데모스'는 2014년에 직접민주주의를 표방하고 정당 차원에서 블록체인 기술을 이용하여 아고라 보팅Agora Voting이라는 전자투표를 실시했다.

블록체인 기술이 복잡하고 번잡한 공인인증서를 대체할 것이며, 개인이나 기업의 모든 자산의 소유권이 블록체인 안에 안전하게 기록될 것이다. 그러면 등기부등본과 같은 소유권 증서가 필요 없게 될 것이다.

블록체인은 웹을 대체할 기술로 각광받고 있어서 관련 기업들의 인기도 날로 높아가는 가운데 많은 관련 기업들이 명멸해 갔다. 블록체인 기술이 가진 특성상 기업 설립에 대규모 인프라가 필요하지 않아 많은 업체들이 쉽게 생겼다가 금세 사라지는 일이 반복된 것이다.

그러나 세계 전체 GDP에서 블록체인 기술을 기반으로 형성된 상품·서비스 비중이 빠르게 증가할 것이고, 또 블록체인 기술이 세계 무역금융 거래 규모를 빠르게 증가시킬 것이다.

이 기술로 인해 금융거래에 따른 피해가 획기적으로 줄어들고 무역거래가 더욱 편리해질 것이기 때문이다.

블록체인은 미래 기업뿐 아니라 국가의 경쟁력을 판가름할 수 있는 중요한 기술이다. 전자화폐나 금융뿐 아니라 제조, 물류, 스마트 시티를 비롯한 산업과 공공서비스 전반에 걸쳐 공정 및 정보 관리의 혁신을 일으키는 핵심 기술이 될 것으로 기대된다.

인터넷이 정보혁명을 불렀다면 블록체인 기술은 그 인터넷 환경에 혁명을 일으킨 것으로 평가된다. 해킹으로 보안에 구멍이 뚫린 인터넷 세상에 새로운 개념의 보안 자물쇠를 채울 것으로 기대되는 블록체인은 '제2의 인터넷'으로 불린다.

블록체인을 거래 차원에서 정의하면 '거래-공개-합의'를 디지털에서 구현한 기술이라고 할 수 있다. 레고와 같은 디지털 블록에 수시로 일어나는 거래를 암호화하여 저장한 다음, 사용자 전체가 공유한 결과 중 절반 이상이 합의하면 거래가 성사되어 결제가 이루어진다.

중개인제3자의 개입 없이도 안전하게 이루어지는 스마트 계약도 마찬가지다. 이는 블록체인에서 이루어진 계약으로, 다양한 방식의 프로그램으로 구현될 수 있다.

스마트 계약은 비트코인에 다음으로 많이 사용되는 '이더리움'을 결제 수단으로 이루어진다. 그래서 이더리움을 '프로그래머블 머니programmable money'라고도 한다.

스마트 계약의 예를 하나 들어보자. 보험회사가 과수 농사를 짓는 농민과 태풍이 작황에 미치는 손실에 대해 보험금을 지급하는 상품을 내놓는다. 계약서에는 최근 5년 동안의 평균 작황에 못 미치는 손실분에 대해 그해 가락동 농수산물시장 경매가로 보험금을 산정하기로 약정한다. 태풍으로 인한 손실이 얼마나 발생했는지를 확인하는 과정에 사람이 개입할 필요 없이 관련 피해가 자동으로 산정되어 보험금이 지급되도록 프로그램이 설정된다. 이런 스마트 계약으로 인해 적잖은 시간과 비용이 절감될 뿐 아니라 보험 당사자끼리 피해 상황을 두고 다툴 일도 없게 된다.

앞서 블록체인은 거래상의 보안기술이라고 했는데, 만약 참가자가 10만 명이라면 10만 명 전원의 컴퓨터가 네트워크를 구성하기 때문에 데이터베이스가 10만 군데로 분산된 셈이어서 거래를 추적하기는 쉬운 반면 해킹을 하기는 거의 불가능하다.

적어도 5만 군데를 초과하여 해킹해야만 '합의'를 조작할 수 있는데 그건 현실적으로 불가능한 일이다.

우리가 은행이라는 제3자를 통해 거래를 하면 거래 기록은 은행과 양 당사자만 알 수 있다. 공유하거나 대조하기 위한 접근도 누구든 비밀번호를 가진 사람만 가능하다. 해당 거래인이 제3자와 새로운 거래를 트는 경우 기존 거래의 신뢰성에 기반을 두어야 하는데 그 거래 기록이 정직한지 제3자는 알 수가 없다. 더구나 비밀번호가 해당 거래자도 모르게 유출되거나 해킹을 당하면 피해를 입기 십상이다. 사실 정보 유출이나 해킹 때문에 특히 금융기관들은 여전히 골머리를 앓고 있다.

반면에 블록체인에서는 모든 거래가 공개리에 이뤄진다. 길동이가 길수에게 송금을 하면 해당 거래 정보가 블록에 저장되어 네트워크 구성원 모두에게 전파된다. 이처럼 거래 정보가 분산 공유되어 거래가 실질을 담보하고 있는지 철저하게 검증된다. 각 블록은 이전 블록의 존재를 정교하게 참조하고 있기 때문에 블록 순서를 바꾸거나 블록을 통째로 조작하는 것은 불가능하다. 구성원들이 과반수의 합의로 해당 거래의 성사를 승인하면 그 거래는 새로운 블록이 되어 기존의 블록에 연결된다. 그러면 길동이가 보낸 돈이 길수의 계좌로 이체된다. 이런 거래가 계속되면 기록이 체인마냥 이어지고 레고 상자처럼 쌓인다. 그러므로 블록체인에서는 위장장부니 이중장부니 하는 불법행위 자체가 원천 차단된다.

앞서 블록체인에서 이뤄지는 거래는 해킹에 의한 조작이 사실상 불가능하다고 했는데, 좀 더 구체적으로 살펴보자.

길동이가 네트워크를 이루는 컴퓨터 하나를 해킹해서 자기 잔고를 1억 원에서 100억 원으로 고쳤다. 데이터베이스가 하나로 구성된 은행이었다면 그것으로 일시에 잔고를 100배로 늘려 은행 전산 담당자가 눈치 채기 전에 돈을 빼낼 수 있다. 그러나 불행히도 데이터베이스가 10만 개로 분산된 블록체인이라서 조작된 잔고가 승인을 받아 인출이 되려면 10만의 과반인 5만 명 초과 인원의 합의가 필요하다. 즉, 5만 개 초과의 데이터베이스를 해킹해야 한다는 말이다. 게다가 거래 내역이 계속 생성되므로 조작을 하려면 엄청난 연산능력이 요구되는 해킹 기술이 필요하다. 이 정도 해킹은 세계 1~500위 슈퍼컴퓨터 성능 전부를 합한 울트라슈퍼컴퓨터로도 불가능하다고 한다. 그래서 블록체인을 '미래의 보안기술'이라고 하는 것이다.

블록체인 기술을 기반으로 하는 비즈니스는 앞으로 더욱 다양한 형태로 나타날 것이다. IT 인프라로 오프라인 인프라를 대체하는 이유는 비용, 시간, 정확도에서 훨씬 효율적이기 때문이다. 그렇다면 비용이 훨씬 적게 들면서 안전성까지 뛰어난 블록체인을 꺼릴 이유가 없다. 시스템 운영상 블록체인의 장점은 데이터베이스가 자율적으로 관리된다는 것이다. 따로 관리자가 필요하지 않고 사용자가 곧 관리자가 된다.

그동안 서로를 확인할 수 없는 온라인에서는 제3자_{중개기관}를 신뢰의 매개로 삼아 거래가 이루어졌다. 거래상의 필요나 보안 명목으로 데이터를 수집한 중개기관은 정보를 유출하는 실수나 프라이버시를 침해하는 잘못을 저지르곤 한다. 거래 과정에서 발생하는 데이터는 공인받은 중개기관이 검증하고 기록한다.

안전을 위해 강력한 보안 시스템을 갖춘 중앙 서버에 데이터를 저장 보관한다. 이렇게 하나의 데이터베이스에 집중된 정보는 해커들의 좋은 먹잇감이 되어 공격당하기도 한다.

블록체인은 바로 이런 중앙 집중 방식의 서버를 배제한 기술이다. 여기서는 시스템에 따라 자율적 권한위임이 이루어져 승인 권한이 특정 기관에 독점되지 않고 넓게 분산되므로 권한의 타락이 원천적으로 불가능하다. 그래서 블록체인은 다양한 산업으로 빠르게 확산되고 있다. 바로 3세대 블록체인이다 1세대는 비트코인, 2세대는 이더리움을 일컫는다. **블록체인은 보안성 강화, 시스템 운영 개선, 비용 감소 등 다양하고도 매력적인 장점이 있어 새로운 수익원을 창출하기에 더 없이 좋은 비즈니스 기반이다.**

금융 서비스 산업의 정산과 결제, 지급 과정에는 아직도 비효율이 넘친다. 이 과정에 참여하는 각 주체들이 저마다의 데이터를 유지한 채 각 단계마다 전자 메시지를 통해 서로 통신해야 하기 때문이다. 그래서 결제에는 보통 이틀이 걸리는데, 결제 지연은 투자기관으로서는 투자 기회 손실로 이어지게 마련이다. 그러므로 다국적 컨설팅 기업 엑센추어가 "글로벌 투자은행들이 핀테크 블록체인 기술을 사용한다면 인프라 비용을 평균 30퍼센트 절감할 수 있다"라고 한 조사 결과는 눈여겨볼 필요가 있다.

한때 은행의 수수료를 두고 말이 많았다. 수수료가 과다해서 은행 이용자들의 불만이 팽배했는데, 은행들이 장사할 생각은 안하고 고객들 주머니만 털어먹고 산다는 비난까지 들어야 했다. 그래서 요즘에는 많이 개선되었다고는 하지만 수수료 감면

이 제한적이어서 남은 불만이 가시지 않고 있다.

  기업 간에 자금을 보낼 때도 수수료가 부과되는데 그도 대기업과 중소기업 간에 차별이 있다. 시장에서 우월적 지위에 있는 대기업은 수수료를 크게 낮추거나 면제받을 수 있지만 을의 처지인 중소기업은 은행이 부과하는 수수료를 고스란히 감당할 수 밖에 없다. 이런 시장의 불평등을 해소하는 데 블록체인이 결정적인 역할을 할 수 있다.

  상거래에서 중개자를 없앨 수 있는 블록체인은 거래 당사자들 간의 대금 결제 환경, 거래 타이밍, 수수료 등에 획기적인 영향을 미칠 것이다. 그동안 금융업계는 수작업에 의존하는 구식 송장 방식에서 벗어나지 못해 늘 조작과 사기에 말려들 위험에 노출되어 있었다. 가령, 은행이 고객의 거래내역을 보안상 공개할 수 없는 맹점을 이용해 하나의 송장으로 여러 은행에서 중복 대출을 받아가는 바람에 대규모 손실을 입은 일도 드물지 않았다. 이에 유럽은행 감독청은 블록체인 기술에 주목하여 이 기술이 이런 여러 문제를 해결하고 비용 절감과 서비스 향상을 가져올 것으로 기대했다.

  그러나 현재의 기술로만 보면 블록체인이 더 많은 비용을 유발한다는 반론도 무시할 수는 없다. 블록체인의 블록을 검증하고 암호를 푸는 데만도 상당한 에너지가 필요하여 엄청난 전기요금을 감당해야 할 것이라는 게 공연한 소리는 아니다. 그렇더라도 블록체인은 아직 발전 단계일 뿐이고 그 잠재력은 상상을 초월하므로 미래 산업의 플랫폼이 되는 것은 시간문제다.

• 권력의 패러다임이 바뀐다

권력은 인간의 생존 활동에 잉여가 쌓이면서 잉태했다. 잉여가 권력이 되고 더 많은 잉여를 쌓은 인간이 더 큰 권력을 갖게 되었다. 아주 작은 단위 집단의 권력자가 다른 집단을 공격하여 흡수함으로써 점점 더 큰 집단을 이루게 되면서 마침내는 국가 권력이 탄생했다. 낱낱으로 분산되어 자율적으로 돌아가던 인간 생활의 조건이 중앙으로 모여 하나의 통제 시스템 아래 놓이게 되었다. 따라서 자연히 전쟁과 권력투쟁이 일상이 되고 억압과 불평등으로 고통 받는 일이 만연하게 된 것이다.

국가뿐 아니라 거의 모든 조직의 시스템이 이런 식으로 중앙에 하나로 모아져 거대한 규모를 이루게 되었다. 그런 과정에서 권력의 비대칭이 커져 불평등이 심화되고 부익부빈익빈 구조가 고착되었다.

블록체인은 기득권자에 대한 선량한 믿음이 사라지면서 새로운 세상을 열망하는 기반을 배경으로 탄생한 기술이다. 모든 것이 중앙에 집중된 세상에서 새로운 세상은 당연히 집중된 것을 분산시킨 세상이다. 그래야 기존의 부조리와 모순을 해결할 실마리를 찾을 수 있다. 블록체인은 탈중앙화를 지향한다는 점에서 기존의 기술과 패러다임에 뒤엎은 '와해의 기술'로 불린다.

세계 인구의 5분의 1에 이르는 15억 명의 빈곤층은 신분을 확인할 서류가 없다고 한다. 신분을 확인받지 못하면 금융기관을 이용할 수 없는 것은 물론 투표권과 같은 기본권 행사, 의료·교육 서비스와 같은 복지 수혜에 어려움을 겪게 된다. 그런데 블록체인에 그런 사람들의 신원 확인 프로그램을 도입하여 공유한다면 다른 증명서 없이도 기본권과 복지 혜택을 누릴 수 있는 기회를 선사할 수 있다.

2015년, 대중문화계에 탈중앙화를 시도한 의미 있는 사건이 일어났다. '소리의 명장'으로 불리는 싱어송라이터 이모젠 힙 Imogen heap이 유쾌한 반란을 일으켰다.

"음악가로서 지난 수년간 창작활동을 하면서 오만 생각이 들었습니다. 금전적 대가를 받는 데 왜 이리 오랜 시간이 걸리는지, 중간에서 떼어가는 게 어찌 이다지도 많은지, 음반 출반 계약서는 왜 내가 이해할 수 없는 말들로 적혀 있는지 의문이 들었습니다. 그래서 처음으로 완전히 독립했습니다. 어느 음반회사와도 계약하지 않았고 매니저도 두지 않았습니다. 성공의 문은 나를 향해 넓게 열려 있으니 용감하게 그 문으로 뛰어드는 아티스트가 되고 싶습니다."

힙은 어렸을 적부터 음악에 미쳐 음악에만 몰두했고 온 청춘을 곡을 만들고 노래하는 데 바쳤다. 스무 살 넘어 정식으로 데뷔한 이후 발간한 음반들도 호응을 얻어 대중의 사랑을 받았다. 그러나 재주는 힙이 넘고 돈은 다른 사람들이 챙겼다. 힙이 정당한 대가를 받았다면 풍족하지는 않더라도 최소한 생계 걱정 없이 음악활동에 전념할 정도는 되었을 터였다. 그러나 에이전트, 음반회사, 공급회사, 무슨 협회, 방송국, 도매상 같은 온갖 장사꾼들이 온갖 구실로 대부분의 수입을 뜯어가는 나머지 힙에게 떨어지는 건 늘 푼돈이었다.

그러자 힙은 2015년에 새 앨범 〈Tiny Human〉을 발표하면서 블록체인에 기반을 둔 스포티파이Spotify를 통해 음원을 배포하겠다고 선언했다. 오랫동안 자신을 착취해온 약탈자들에게 결별을 고한 것이다. 스포티파이는 청취자들 간에 P2P 기술을 탑재한 클라우드 컴퓨팅으로 메이저 음반사에서 라이센스한 음반을 스트리밍하는 서비스다. 시간이 필요한 일이어서 당장의 수입은 별로였지만 힙은 블록체인 기반 음원 배포의 선구자가 되었다. 힙은 "다른 음악가들과 연대하여 뭔가를 만들어간다는 생각만으로도 가슴이 뛴다"라고 했다.

2017년, 스포티파이는 가수와 소규모 제작자에게 정당한 음원 사용료를 지불할 환경을 조성하기 위해 블록체인 스타트업 미디어체인Mediachain을 인수했다. 인터넷을 통해 곡을 등록·식별·추적·관리하기 위한 데이터베이스를 구축한 미디어체인은 온라인 콘텐츠로 지원을 확대하여 합법적인 콘텐츠를 가진 음반 소유자에게 적정한 로열티를 분배하는 기술을 지원하고 있다.

이처럼 블록체인은 '중앙에서 주변으로, 집단에서 개별로' 권력의 패러다임을 바꿔놓을 것이며, 그에 따라 종속된 개인들은 속속 독립을 이룰 것이다.

비트코인을 만든 사토시는 화폐 제조 권한의 분산 가능성을 알렸다. 그는 비트코인 발행을 원장 속의 새로운 블록 창조와 결부시켜 화폐의 제조 권한을 P2P 네트워크에 위탁했다. 여기에 중앙은행이나 금융통화위원회 같은 통제기관은 필요하지 않으므로 존재하지 않는다. 그 어떤 중개수단도 불필요하다. 다만 수많은 개인들의 협업에 따라 작동할 뿐이다. 권한은 협업에 참여한 수만큼 동등하게 나눠진 n 분의 1이다.

　이런 새로운 방식의 P2P 협업은 인류의 해묵은 사회 문제를 해결해줄 수 있다. 오늘날 제도권의 기득 권력은 대중의 신뢰를 잃고 정당성마저 의심받기에 이르렀다. 그동안 한곳에 집중되어 부패한 권력을 내려놓고 원래 주인인 시민에게 권력을 돌려줌으로써 새로운 변화의 물결이 제시한 과제를 실현해야 했던 것이다.

❋ 이제는 기술과 정보를 넘어 가치다 ————

＊　＊

이제껏 인류가 발전시켜온 모든 기술은 흩어져 자유로운 개별을 하나로 모아 울타리 안에 가두고 주변을 중앙에 수렴하도록 하여 권력의 비대화를 불렀다. 신석기 혁명이 그랬고 농업혁명이 그랬다. 산업혁명은 고도로 밀집된 도시라는 괴물을 낳고 대륙별, 국가별, 지역별, 계층별 불평등을 심화시켰다. 인터넷을 타고 등장한 정보화 시대도 기술이 낳은 부조리를 해결하지 못했다. 오히려 어떤 면에서는 더욱 악화시켰다.

눈부신 기술의 축적 위에 현란한 정보의 바다가 펼쳐진 가운데 시대적 소명이 실린 새로운 가치를 구현하고자 하는 블록체인이 마침내 혁명의 깃발을 내걸었다.

우리는 인터넷이 출현한 이후 이메일, 월드와이드웹, 모바일

웹, 빅데이터, 클라우드 컴퓨팅, 사물인터넷에 이르기까지 눈부신 기술의 진보를 겪어왔고, 또 예견한다. 이런 기술은 오프라인의 수많은 업무를 온라인으로 대체하도록 함으로써, 온라인에서도 끊임없이 진화함으로써 엄청난 비용 절감을 안겨주었을 뿐만 아니라 많은 분야의 진입 장벽을 허물었다. 그리하여 새로운 개념의 다양한 서비스가 창출되고 새로운 방식의 유통망이 펼쳐지면서 유례없는 디지털 혁신의 열풍이 불었다. 이제 인공지능 기술은 나날이 발달하여 우리 생활 안으로 속속들이 스며들고 있다.

인터넷으로 촘촘하게 짜인 세상은 극도의 편리함과 효율을 가져다주었지만 인간의 생존 환경과 경제활동에는 심각한 문제를 안겨주었다. 온라인에서는 우리는 서로가 누군지 잘 알기 어렵다. 정부나 은행 같은 공신력 있는 중개기관이 보증하지 않는 한 서로를 믿을 수 없어 금융거래를 하지 못한다. 이런 중개기관은 고객이나 국민의 편익을 명목으로 내세워 공공연히 정보를 수집하고 프라이버시를 침해한다.

인터넷이 가져온 비용과 시간의 비약적인 절감 효과로 인해 많은 일자리가 사라졌고, 또 더 많은 일자리는 '계약직'이라고 불리지만 사실상의 비정규직으로 떨어졌다. 개별로 정보를 나누는 P2P 세상이 왔지만 정치적 권리의 행사와 경제적 파이의 분배는 여전히 불평등을 벗어나지 못하고 있다. 경제적 불평등은 오히려 심화되는 추세에 있다.

권력과 부가 기득권자들에게 더욱 쏠리는 현상은 조금도 개선될 낌새가 보이지 않는다. 기득권자들은 설령 놀고먹더라도 쉬지 않고 노동하는 사람들보다 몇 배, 아니 수십 배나 더 많은 돈을 벌어들인다. 부동산과 같은 자산이 남아도는 자본을 업고 노동하는 것보다 훨씬 손쉽게 훨씬 더 많은 돈을 벌어준다.

반도체 처리능력이 2년마다 갑절로 늘어난다는 무어의 법칙 Moore's Law은 상위 1퍼센트의 부가 2년마다 갑절로 늘어난다는 무어의 위법Moore's Outlaws을 낳았다. 무어의 법칙은 인텔의 창립자 고든 무어가 자신의 경험을 통해 1980년대 초에 "컴퓨터의 성능은 2년처음엔 1년이었다가 나중에 수정을 주기로 두 배로 향상되지만 컴퓨터 가격에는 변함이 없다"라고 한 것이다.

디지털 시대의 기술에는 선악의 가치 판단이 없다. 그 기술이 쏟아내는 별의별 첨단기기와 프로그램들은 다양한 방식으로 사람들의 권리를 평가하고 프라이버시를 침해한다. 사이버 세상이 넓어지고 깊어지면서 사이버 범죄도 더욱 진화해가며 사이버 세상을 교란시킨다.

그 기술은 교환수단도 획기적으로 변화시켰다. 거래를 위해 가치를 재고 담는 교환수단은 지난 수천 년간 실물에 의존했다. 처음에는 물물교환 방식이 지속되다가 그에 따른 불편함을 덜기 위해 화폐로 대신하기 시작했다. 화폐는 조개껍데기에서 동전과 지폐로 발전했다. 신용을 담보로 하는 어음이 생겨 무거운 돈을 지니고 먼 길을 다니지 않아도 되었다. 여기까지도 물건이든 돈이든 어음이든 어디까지나 손으로 만질 수 있는 실물이었다.

그러나 인터넷이 보급되면서 교환수단에도 실물이 필요 없게 되었다. 카드 하나만 있으면 누구와도 돈을 주고받고 거래를 할 수 있게 되었다. 교환수단은 스마트폰이 생기면서 한 발 더 진화하여 해당 앱만 깔면 컴퓨터나 은행의 ATM이 아니라 걸어가면서도 거래를 실행할 수 있게 되었다. 이로써 **수천 년을 이어온 실물거래의 역사는 사실상 끝났다.** 거의 모든 거래는 스마트폰을 비롯한 네트워크를 통해 이루어지고, **우리의 자산 대부분은 0과 1로 이루어진 데이터 상태로 서버에 저장되어 있다.**

인터넷을 통한 거래에는 중개인제3자이 개입할 수밖에 없고, 저마다 자기 신원을 증명하기 위해 세세한 개인정보를 제공해야 한다. 이 과정에서 정보 유출과 같은 심각한 보안 문제가 일어나고, 결제에 따르는 비용 역시 지나치게 비싸다. 그래서 전자거래는 중요한 이슈로 수많은 연구와 고민을 불렀다.

1993년 수학자 데이비드 샤움David Chaum은 이캐시eCash를 제시했다. 익명이 보장된 이캐시는 각종 화폐를 인터넷 환경에서 안전하게 가상화폐 형식으로 전송할 수 있었다. 그러나 보안 따위에는 도무지 관심이 없는 대중의 인식 때문에 수익성을 얻지 못한 이캐시는 5년 만에 파산했다.

이에 샤움의 동료인 닉 서보Nick Szabo는 1998년에 〈신의 프로토콜The God Protocol〉이라는 논문을 발표한다. 모든 거래는 프로토콜이 지정한 신적 존재중앙의 제3자를 통한다. 일반 인터넷 인프라는 보안에 취약하기 때문에 거래 결정 재량을 가진 중앙의 신적 존재에 전적으로 의존한다는 것이다.

그로부터 10년 뒤인 2008년, 세계 금융기관의 신뢰도가 땅에 떨어진 시점이었다. 가명으로 추정되는 사토시 나카모토가 P2P 형식의 전혀 새로운 프로토콜을 제안했다. 이 프로토콜을 사용한 전자 결제 시스템이 가상화폐 비트코인을 사용한다. 특정 국가나 금융기관이 발행하는 것도 아니고, 공신력 있는 기관의 통제받는 것도 아닌 채로 개인 간에 거래가 가능한 새로운 화폐는 등장부터 엄청난 파장을 일으켰다.

이 프로토콜 위에서는 제3자의 검증 없이도 수십억 개의 개인용 디바이스를 사용해 거래의 진실성을 보장할 수 있다. 참여자 모두 동일한 장부를 가지고 있어서 비트코인을 해킹해 변조하려면 광범위하게 퍼져 있는 모든 비트코인을 동시에 해킹하여 동일한 내용으로 고쳐야 한다.

직업과 성향을 가리지 않고 이에 대한 반응은 전 세계적으로 뜨거웠다. 넷스케이프의 개발자이자 IT업계의 글로벌 리더인 마크 안드레센도 경탄을 금치 못했다.

"그는 모든 문제를 풀어버렸다. 그의 정체가 무엇이든, 노벨상을 받기에 충분하다. 그는 천재임에 틀림없다. 바로 이것이다! 인터넷이 늘 갈망해왔으면서도 아직 이루지 못한 분산 형태의 신뢰 네트워크가 마침내 우리 앞에 나타난 것이다."

숱한 논란에도 불구하고 많은 정부기관과 금융기관은 블록체인을 분산 원장으로 삼아 정보 저장과 거래 수단을 혁신하고 있다. 그리하여 보안성을 강화하고 속도를 높이면서도 비용은 낮춘다. 게다가 오류도 현저히 감소시킨다.

블록체인에서는 모든 거래기록이 검증되고 청산되고 블록에 저장된다. 이 블록은 이전의 블록과 이어져 하나의 체인을 형성한다. 각 블록이 효력을 얻으려면 반드시 이전 블록을 참조해야 한다. 이런 구조는 타임스탬프time stamp로 작동하고, 가치교환을 기록하며, 원장의 변조를 방지한다. 타임스탬프는 "어느 시점에 데이터가 존재했다는 사실과 그 시간 이후 내용이 변경되지 않았음을 증명하기 위하여 특정 위치에 표시하는 시각"을 말한다. 따라서 가령, 비트코인을 훔치려면 블록체인 안에 들어 있는 모든 코인의 역사를 다시 써야 하는데, 그게 어디 가당키나 한 일인가. 블록체인은 분산된 원장으로서 지금껏 네트워크에서 발생한 모든 거래의 총체를 반영한다. 정보를 담은 '월드와이드웹'과 같이 자치를 담은 '월드와이드원장'으로서 누구나 내려받아 PC나 스마트폰에서 실행할 수 있다.

블록체인은 무엇보다 진정한 'P2P 경제', 즉 공유경제를 창출할 수 있다는 점에서도 주목된다. 그런데 많은 전문가들은 에어비앤비빈집 중개 플랫폼, 우버차량 중개 플랫폼, 태스크래빗인력 중개 플랫폼과 같은 플랫폼들을 '공유 경제'의 대표적인 사례로

든다. **공유 경제란 순전히 개인들이 자발적으로 모여 더불어 가치를 창출하고 공정하게 나누는 것을 뜻한다.** 그러나 앞서 말한 플랫폼들의 비즈니스는 나누는 것과는 전혀 상관이 없다. 그러니 공유 경제라고 할 수 없는 것들이다. 비즈니스 과정에서 일부 공유의 '형태'를 띠는 것이 있을지는 몰라도 공유의 '가치'와는 거리가 멀기 때문이다.

실제로 이런 비즈니스들은 나누는 것이 아니라 흩어진 것들을 합쳐서 성공한 모델이다. '공유'가 아니라 '종합'하는 경제다. 에어비앤비는 빈방을 종합하고 우버는 운전 서비스를 종합하고 태스크래빗은 인력과 일자리를 종합한다. **이들은 중앙집중식 플랫폼을 통해 온갖 수단과 인력을 규합하고 되파는 작업을 반복한다.** 공적 기여와는 아무 상관도 없는 순전히 이윤을 추구하는 비즈니스일 뿐이다. 그러니 여기에 '공유 경제'라는 타이틀을 부여하는 건 만부당하다.

이런 비즈니스들이 **진정한 공유 경제의 가치를 담으려면 중앙집중식 플랫폼이 아니라 분산식 애플리케이션으로 작동해야 한다.** 가령 에어비앤비가 분산식 애플리케이션으로 작동된다면 '블록체인 에어비앤비' 또는 줄여서 '비에어비앤비'라고 부를 수 있을 것이다.

참여자들이 공유하는 이 애플리케이션은 협동조합인 셈이다. 이용자가 숙소 리스트를 알고 싶다고 하면, 해당 소프트웨어가 블록체인에서 전체 리스트를 검색하여 이용자의 희망조건을 충족하는 숙소를 걸러내 보여준다. 그리고 모든 거래는 블록체인에 기록되어 '공정하고 객관적인' 자료로 남는다. 유리하거나 불리하게 변조하거나 과장할 수도 없다. 중앙의 특정 지배자가 없기 때문에 가능한 일이다. 이더리움 블록체인을 창시한 비탈리크 부테린은 블록체인이 갖는 '선한 기술'을 이렇게 말한다.

"대부분의 기술이 변방에서 단순작업만 수행하는 노동자들을 자동화하는 반면, 블록체인은 중심부를 자동화해 힘을 빼내버린다. 블록체인은 택시기사의 일을 빼앗기는커녕 오히려 우버의 일을 빼앗아 택시기사들이 고객을 직접 상대하도록 도와준다."

◆ 블록체인이 불러올 정치혁명

◆   ◆

우리나라의 전자정부 출발은 연원이 꽤 깊다. 1967년 인구통계 처리를 위해 IBM 1401 컴퓨터를 도입한 것이 처음이다. 그래서 전자정부의 초석을 다진 시기를 1967~1997년간의 30년으로 잡는다. 김대중 정부 들어 벤처 붐과 함께 명실상부한 선진 전자정부 구현에 본격 돌입했다. 그리하여 2012년까지는 정부 민원업무의 대부분을 온라인으로 처리할 수 있는 일괄 시스템이 갖춰졌다. 노무현 정부 때는 대통령이 전자정부 관련 프로그램 개발자를 자처할 정도로 전자정부 구현에 적극적이었다. 그 덕분에 이제 우리 정부도 스마트 정부를 지향할 정도로 선진화된 시스템을 갖추고 계속 진화해가고 있는 중이다.

그러나 아직 갈 길이 멀다. 특히 통계 부문은 조사방식과 표본에서 오류와 왜곡이 많을뿐더러 악의적인 편집과 조작이 가능한 실정이다. 여론과 정책은 대부분 통계를 근간으로 삼는데, 이처럼 통계가 오류와 조작에 노출되어 있다면 여론이 왜곡되고 정책이 잘못될 수 있다. 또 이미 전자개표를 시행하고 있고, 전자투표를 도입해가고 있는 가운데 조작의 우려와 보안 문제가 말끔히 해소되지 않고 있다.

전자개표에 사용하는 개표기는 투표 결과를 알아내도록 만든 기계인데, 애초에 금융기관에서 수표나 지로용지를 분류하기 위해 사용하던 것을 선거용으로 응용하여 개발한 것이다. 선거관리위원회는 2002년 6.13 지방선거 때 처음으로 600여 대를 도입하여 사용하기 시작했다. 그러나 전자개표의 안정성에 관한 논란이 일었다. 해킹 등으로 인해 조작될 가능성이 있기 때문이다.

그런 점에서 에스토니아 공화국의 전자정부에서 배울 점이 많다. 에스토니아 공화국은 발트 3국 가운데 하나로, 1991년 소련으로부터 독립한 인구 130만 명의 소국이지만 국토 면적은 한반도의 2배가 넘는 대국인 데다 1인당 국민소득은 1만8,000달러로 낮은 편은 아니다. 무엇보다 세계적인 디지털 강국으로, 전자정부 시스템은 가장 모범적인 사례로 꼽힌다.

이 나라에서는 금융거래의 99퍼센트, 세금 신고의 95퍼센트 가 디지털로 이뤄진다. 인터넷에 대한 접근 권한을 기본권으로 인식하는 정부 정책과 온라인에서 신원을 식별할 수 있는 전자 신분증 제도 덕분이다.

2018년 10월, 케르스티 칼륨라이드 에스토니아 대통령이 우 리나라를 방문하여 블록체인 선진국 대통령답게 'e-스토니아 전자정부 에스토니아' 소개에 공을 들였다. 칼륨라이드 대통령의 방 한은 2014년 말 시작된 전자영주권 제도를 알리기 위한 것이기 도 하다. 에스토니아는 2014년부터 전자영주권 제도를 시행하 고 있는데, 이미 167개국 4만5,000명한국은 1,260명이 전자영주 권을 취득한 가운데 4,800명이 법인을 설립했다.

"전자시민증과 전자서비스는 강력한 보안이 필요하고, 정부 가 개인정보를 안전하게 사용하고 있다는 믿음을 줘야 합니다. 전자신분증으로 공공서비스를 이용하고 데이터베이스에 접속 하면서 1인당 닷새를 아낄 수 있게 되었습니다. 차를 몰고 관공 서까지 갈 필요가 없게 되었으니 이산화탄소 배출이 줄고 종이 가 필요 없어 나무도 살릴 수 있습니다."

에스토니아의 전자시민증은 2002년에 처음 도입되어 2007년 에 2세대로 진화하면서 복지·의료 등 공공서비스부터 금융을 비롯한 민간부문에도 널리 사용되고 있다.

우리나라에서는 주민등록번호를 통해 생년월일·성별·출생지역까지 알 수 있는데다 사용 범위가 워낙 넓어 유출되었을 때 악용 위험이 크다는 이유로 전자시민증 채택이 반대에 부딪혔다. 이에 대해 칼률라이드 대통령은 기우라며 전자시민증의 안정성을 역설했다.

"에스토니아 전자시민증에 있는 숫자로는 성별이나 생년월일을 알 수 없고, 토큰이나 인증서 등을 통해 보안장치와 데이터를 분산해 저장하고 있습니다. 또 누가 내 정보에 어떻게 접근했는지를 국민 누구나 투명하게 볼 수 있습니다."

전자정부 에스토니아를 상징하는 'e-스토니아'의 핵심은 전자 ID다. 거의 모든 에스토니아 국민은 전자 ID 카드로 정부 서비스를 이용할 수 있고 유럽연합국가 어디라도 자유롭게 여행할 수 있다. 카드에 내장된 칩에는 본인의 정보와 두 개의 인증서가 담겨 있다. ID를 인증서와 전자서명 인증서가 있으며, 개인 식별 번호PIN는 본인의 선택에 따라 설정할 수 있다.

에스토니아 사람들은 이 칩을 통해 전자투표를 하고, 금융 및 정부 기관의 서비스와 대중교통을 이용한다. 휴대폰에 모바일 ID만 입력하면 칩과 같은 기능을 하므로 신용카드나 교통카드를 따로 만들 필요가 없다.

이미 2005년에 에스토니아 시민은 전자투표를 실행했다. 세계 어느 곳에 있든지 저마다의 ID 카드와 모바일 ID를 통해 투표를 할 수 있게 되었다. 2011년 국회의원 선거의 전자투표 비율은 무려 25퍼센트로 이전 선거의 5.5퍼센트에 비하면 비약적인 증가였다. 2014년 유럽 의회 선거에서는 한 걸음 더 나아갔다. 98개국에 흩어져 있는 국외 체류자를 비롯한 투표자의 33퍼센트가 전자투표로 표를 행사했다.

블록체인 정부를 만드는 것은 부패 없는 정부를 만들겠다는 스마트 정치혁명이다. **블록체인은 근본적으로 '투명성' 과 '신뢰성' 의 바탕 위에 세운 기술이기 때문이다.** 정부기관이나 정치인에 대한 신뢰를 회복하기 위해 선출직 공복들은 진실하게 행동해야 한다. 시스템은 물론 모든 과정은 신뢰로 채워져야 하고, 특정인에게 쏠려서는 안 된다. 블록체인은 태생적으로 투명성에 근거하므로 신뢰의 토대가 될 것이다.

경영 전문가 라다미스 소토는 "이제 정부가 개입해서 사람들을 시스템으로 끌어들이기란 불가능하다. 따라서 세계의 각 정부가 시스템의 전환을 시도하고 있다"라고 진단했다. 그 '전환'

을 바로 블록체인이 뒷받침하게 될 것이다.

영국 정부는 블록체인 기술을 활용하여 방대한 기록을 유지할 방안을 모색하고 있는데, 특히 기록의 진실성을 담보하는 데 관심을 쏟고 있다. 정부의 디지털 서비스 시스템 설계자는 완벽한 등록의 전제조건으로 "데이터가 방해받지 않는다는 것을 입증하고, 과거의 모든 변동 내역을 저장할 수 있어야 하며, 독립적인 심사 대상이 될 수 있어야 할 것"을 들었다.

블록체인 네트워크를 활용하면 정부 서비스는 더욱 신뢰받게 되어 호응성이 높아질 것이다. 셀프 서비스가 일상화되면 각종 인허가 갱신이나 공문서 수령을 비롯한 정부 운영 방식을 근본에서부터 혁신할 수 있다. 재량이든 자의든 고의든 모든 부패 가능성을 원천 차단하는 한편 인위적인 장애물을 제거하고, 시민에게 정부 서비스를 적시적소에 제공하면서 권한을 부여할 수 있다.

미국 정부는 2015년에 16만여 건의 데이터 세트와 툴을 이른바 '열린 정부 웹사이트'에 공개했다. "정부 보유 데이터는 공적 데이터로 공개되어야 한다"라는 미국 정부의 철학은 정부 웹사이트를 투명성의 개척자로 부각시켰다. 이어 영국 정부도 2만여 건의 데이터 세트를 일반에 공개했다. 블록체인 체제와

P2P 네트워크를 통한 데이터 공개는 전례 없는 정확성, 신뢰성, 효용성, 공정성을 담보할 수 있다. 공개된 데이터를 열어본 사람들이 오류를 발견해 신고하고 변조되었거나 부패했다는 사실을 증명할 수 있다.

　대의민주주의는 국가에 따라 다양한 형태를 띠지만 시민이 수동성을 보인다는 점에서는 거의 같다. 앞서 에스토니아의 예에서 밝혔듯이 블록체인 기술을 통한 전자투표 환경의 조성은 투표에 따른 시공간적 제약을 제거함으로써 투표율을 비약적으로 높였다. 그러므로 전자투표는 참정권 행사에 적극성을 불어넣는 훌륭한 방안이 될 수 있다.

　정보의 생산과 공유 그리고 유통이 실시간으로 이뤄지는 오늘날에는 예측하기 어려운 다양한 이슈들이 선거판을 달군다. 그런 다양한 이슈들에 대한 내부 전문가 인프라가 빈약한 거의 모든 정부는 유권자의 다양한 요구에 충분히 대응하지 못하고 있다. 그러므로 정부가 시민의 생각을 묻기 위해 어떤 사안을 투표에 붙이더라도 투표 절차는 시민이 집단으로 제공하는 지혜와 통찰에 미치지 못한다. 바로 이런 문제 때문에 공적 담론과 시민의 참여를 추동하는 새로운 민주주의 방식이 필요하다.

그동안 과학기술의 눈부신 진보에도 불구하고 투표 방식은 수백 년간 별로 변하지 않았다. 투표소에 가서 신분증을 제시하고 투표용지를 받아서 가림막 안으로 들어가 마킹한 다음 투표용지를 가지고 나와 투표함에 넣고 돌아가 개표를 기다리는 것이 아직도 유지되고 있는 보편적인 투표 방식이다. 오늘날 전자투표를 도입하여 확산시키려는 움직임이 활발하게 일어나고 있지만 전자투표는 해킹 공격, 버그, 인적 실수 등의 우려로 수기투표 못지않게 신뢰성이 떨어지는 것으로 조사되었다.

그래서 그런 우려를 해소하기 위한 블록체인을 활용한 전자투표 방식이 다양하게 개진되고 있다. 가령, 각 후보나 안건에 대해 전자지갑digital wallet을 만들고 승인된 후보나 안건은 그 지갑에 코인을 하나씩 받는다. 유권자는 저마다의 개인 아바타를 통해 코인을 선택하여 지지하는 후보나 안건의 전자지갑으로 보내는 방식으로 익명 투표를 할 수 있다. 블록체인은 이런 거래를 기록하고 확정하는데, 가장 많은 코인을 받은 후보나 안건이 승리한다.

그리스 아테네 카포디스트리안대학교에서 발표한 2015년의 한 논문은 전자투표 시스템 '데모스'를 소개한다. 데모스는 새로운 종단간 전자투표 시스템으로, 블록체인과 같은 분산 공개

원장을 사용해 세상 어디에서도 투표할 수 있는 디지털 투표함을 창출한다. 데모스를 활용하면, 투표 시스템은 일련의 숫자를 임의로 생성한다. 유권자는 두 벌의 숫자나 키를 받는다. 하나는 유권자에, 하나는 투표 대상에 대응한다. 암호화된 투표권을 행사하면, 그 내역이 다수 서버로 보내지고, 결과는 선거 관련 정보를 표시하는 게시판에 공개된다.

호주에서는 '중립투표 블록'이라는 기관이 블록체인에서의 투표를 활용해 민주주의를 완전히 다른 방식으로 혁신하고 있다. 독특한 방식으로 정부에 접근하는 그들의 전망은 긍정적이다. 창립자 맥스 카에는 중립투표 블록을 하나의 '정치 애플리케이션'으로 정의한다. 어떤 이슈에 관심을 가진 시민은 블록체인에서 투표를 통해 자신의 견해를 등록할 수 있다. 투표가 종료되면 해당 담당자들은 투표 결과를 반영해 정부 현안을 결정할 수 있다. 맥스 카에는 블록체인을 활용해야 하는 이유를 '진실성 유지와 독립적 검증'에 두고 있다.

블록체인이 불러올 정치혁명은 역시 투명성과 공정성 그리고 신뢰성이라는 진정성에 그 기반을 두고 있으며, 또 반드시 그런 기반이 전제되어야 이룰 수 있는 혁명이다.

가상화폐를 바라보는 오해와 진실

신용카드 결제가 보편화되면서 지갑에서 현금이 사라지고 있다. 이제는 스마트폰 앱으로 결제하는 방식이 퍼지면서 곧 신용카드도 사라질 것으로 보인다. 휴대폰 안에 신용카드, 현금카드, 교통카드는 물론 이체나 송금에 필요한 모든 결제 수단이 다 들어가는 것이다. 이른바 '핀테크 시대'가 온 것이다.

핀테크는 금융finance과 기술technology의 합성어로, 기존 디지털 기술의 혁신을 통해 금융 서비스를 획기적으로 개선하거나 새로운 금융서비스를 출시하는 것을 뜻한다. 전에는 기존의 금융서비스 가치사슬 안에서 IT기업은 그저 보조역으로 서비스의 효율과 다양성을 높이는 것을 뜻했지만, **새로운 개념의 핀테크는 플랫폼을 제공하는 IT기업이 가치사슬의 핵심을 맡아 기존의 금융서비스 전달체계를 파괴적으로 혁신한다.**

가령, 지점이 없는 인터넷전문은행이 공인인증서 없는 비대면 거래로 기존 관행을 파괴함으로써 단기간에 대규모 고객을 확보하거나 대출 금리 및 수수료를 파격적으로 낮춤으로써 기존 은행의 금리 및 수수료 인하를 이끈다. 그 밖에도 인터넷 뱅킹, 모바일 지급 서비스, 크라우드 펀딩, P2P 대출, 로보어드바이저, 스마트 계약, 바이오 인증 금융거래 등이 모두 핀테크에 해당한다.

저명한 경제학자이자 대안화폐 전문가인 토머스 H. 그레코는 《화폐의 종말》에서 "문명의 생존 문제를 근본적으로 해결하려면 화폐와 은행, 금융의 근본적인 구조조정이 필요하다"며 "정치화된 화폐에 사형선고를 내려야 한다"라고 주장하고 나섰다. 그에 따르면 "물이나 공기, 음식처럼 살아가는 데 꼭 필요한 요소가 된 돈이 사회와 정치, 나아가 정의까지 해치는 원흉"이라는 것이다. 그래서 그는 권력이 되어버린 '정치화된 화폐'의 권위를 빼앗고 대안의 교환체제를 새로 만들어야 한다고 주장한다.

돈이 지금처럼 타락한 정치수단으로 자리 잡게 된 계기는 300년 전 세계중앙은행 제도의 원형인 잉글랜드은행 탄생으로 거슬러 올라간다. 영국의 윌리엄 3세는 전쟁 비용을 조달하기 위해 개인에게 돈을 빌리는 대신 은행권 발행 등 장기적인 특권을 부여했다. 그리하여 정부는 세수와는 무관하게 돈을 쓸 수 있게 되었고 은행은 신용화폐를 발행하여 이자를 붙여 빌려줄 수 있게 되었다.

정부와 중앙은행의 이런 결탁은 거의 모든 국가에 퍼져 은행 카르텔은 부채로 통화를 창출해 거기에 이자를 매기는 특권을 누리고, 중앙정부는 원하는 만큼 돈을 쓸 수 있게 된 것이다. 바로 이런 결탁이 현행 화폐의 가장 큰 폐단이다. 중앙은행이 누구에게 셈을 치르게 하고 누구에게 고통을 떠넘길지 정하기 때문에 화폐의 불평등한 배분이 이뤄진다.

그러므로 국가와 화폐를 결별시켜야 문제가 해결된다고 주장한다. 신용권력은 분산되어야 하고 모든 통화는 시장에서 공정한 평가를 받아 가치가 결정되어야 한다는 것이다. 인플레이션은 화폐 발행권이 독점되고 강제 유통되는 상황에서만 일어나는 현상인 만큼 화폐 발행 독점을 없애고 법정 화폐를 폐지하면 인플레이션 문제를 풀 수 있다는 논리다. 정부는 사적인 대안 화폐를 허용해 자유시장의 평가에 내맡기고 발행자를 제외한 누구에게나 그런 화폐를 거절할 권리를 인정해야 한다.

즉, 화폐의 교환수단, 가치 저장, 가치 척도라는 세 가지 기능을 분리하여 화폐는 상품과 서비스의 교환을 촉진하는 용도로만 사용되어야 한다는 것이다.

화폐가 단순한 정보 시스템일 뿐이라는 인식이 확산되면 다양한 경쟁 지불수단이 출현할 것인데, 가령 개인 간 대출 사이트인 영국의 조파닷컴zopa.com, 미국의 프로스퍼닷컴prosper.com과 같은 것을 말한다.

이런 주장이 공개적으로 제기되는 가운데 앞서 얘기했듯이 2009년 사토시 나카모토라고 알려진 천재가 최초의 가상화폐인 블록체인 기술의 비트코인을 개발하여 그야말로 열풍을 일으켰다. 2012년에는 비트코인 자체가 내포한 경제인 위험성 때문에 미국의 디지털 매체 〈와이어드〉는 그를 '세계에서 가장 위험한 인물' 중 한 명으로 선정하기도 했다.

가상화폐에 대한 정의는 하나로 정해진 바는 없지만 대체로 '중앙은행이나 금융기관이 아닌 민간에서 발행한 가치의 전자적 표시' 정도로 통용된다. 비트코인이 출현한 이후 가상화폐는 리플, 이더리움에 이어 나날이 숫자가 늘어나고 있다. 한편에서는 그게 무슨 화폐냐고 깎아내리지만 옛날엔 조개껍데기도 엄연한 화폐로 유통되었다.

사람들은 오늘날의 화폐제도가 누리고 있는 터무니없는 권위 때문에 이런 발랄한 화폐를 인정하기 어렵겠지만 사실 달러가 지배하는 현행 화폐제도는 불공정하기 이를 데 없고 기괴하기까지 하다. 가령, 세계 기축통화로 쓰이는 달러의 발행권을 가진 미국은 돈이 필요하면 달러를 내놓고 찍어댄다. 그에 따른 피해는 세계의 다른 나라들이 고스란히 나눠서 지는데, 미국은 아무런 책임도 지지 않는다. 세계적으로 통용되는 기축통화라서 가능한 일이지만 그건 현행 화폐제도의 불합리성을 상징하는 경제적 테러다.

세계 여러 나라에 비트코인 ATM기기가 설치되어 비트코인 송금도 할 수 있다. 그 가운데 **금융 강국 일본은 가상화폐 시장의 선두주자로서 비트코인 거래의 글로벌 허브가 되었다.** 미국 월가 중심의 금융시장에 맞설 가상화폐의 중심지로서 핀테크 산업의 글로벌 리더가 되겠다는 것이 일본의 야심이다. 그에 따라 일본은 기업회계기준위원회를 통해 가상화폐를 기업 자산으로 인정하는 회계 규칙을 제정하고, 가전 유통기업, 항공사, 캡슐호텔 등에서 비트코인 결제 시스템을 도입했다.

2009년 1월, 비트코인이 등장하여 그해 10월 처음으로 일어

난 달러와의 교환비율은 1BTC비트코인 단위에 1센트에도 못 미쳤다. 그러다가 이듬해 5월 비트코인 포럼에 피자 두 판을 보내주면 대금을 1만 비트코인으로 결제하겠다는 글이 올라오자 며칠 후에 어떤 진취적인 사람이 이 제안을 받아들여 화폐로서 비트코인의 첫 거래가 성사되었다. 당시 1만 비트코인의 시세는 41달러였다. 비트코인은 이후 투자 열풍 절정기에는 1만 달러를 웃돌았으니, 17세기 네덜란드의 튤립 열풍은 아무것도 아니었다.

이런 과정에서 숱한 논란이 일었다. 무엇보다 수십, 수백 배의 투자 수익을 올렸다는 무용담을 타고 종잡을 수 없이 널뛰기를 하는 가상화폐의 급등락은 많은 사람들을 거래중독에 빠뜨렸다. 자금 세탁, 불법 증여와 같은 탈세 수단으로 악용되어 사회적 공분을 사기도 했다. 그래서 일부 국가는 아예 가상화폐의 유통을 막고 있으며, 대부분의 국가에서는 가상화폐를 효과적으로 관리하기 위한 방안 마련에 고심하고 있다. 미국, 일본, 영국, 독일 등은 가상화폐 거래에 따른 소득에 소득세와 법인세를 부과하고 있다.

미국은 각 주마다 가상화폐를 보는 시각이 다르지만 미연방국세당국은 가상화폐를 화폐로 보지 않고 주식과 같은 자산으로 본다. 반면에 일본은 개정자금결제법을 제정하여 가상화폐의 존재를 인정하고 비트코인, 리플, 라이트코인 같은 가상화폐를 공식화했다. 가상화폐가 투기 수단에서 결제 수단으로 진화하고 있는 것이다.

가상화폐 중 이더리움의 프로그래밍을 활용한 것이 스마트 계약이다. 스마트 계약은 계약 성립에 필요한 요건을 설정한 후에 그 요건이 충족되면 중개자의 개입 없이 자동으로 실행되는 디지털 계약이다. 이 계약의 장점은 블록체인을 통해 모든 참여자들에게 공유되므로 위조나 변조가 사실상 불가능하다는 것이다. 이더리움이 인공지능, 사물인터넷과 결합하게 되면 각종 계약이 자동으로 체결되고 참여자 모두에게 투명하게 실시간으로 공유될 것이다.

그러나 **가상화폐의 이런 뛰어난 기술상의 특성에도 불구하고 치명적인 약점으로 꼽히는 과도한 가격 변동성 문제를 해결하지 못한다면 기대한 만큼의 역할을 하지 못하고 현행 통화제도의 높은 벽 앞에 좌절할 수도 있다.**

비트코인을 창시한 사토시 나카모토는 4차 산업혁명의 선구자로 빛나는 존재를 과시할 수 있었는데도 비트코인의 성공을 보자 오히려 더욱 꽁꽁 숨어버렸다. 그는 신비한 현자의 이미지로 역사에 남고 싶었을까.

이런 태도는 "하면서도 기대지 않고 공이 이루어져도 그 속에 살지 않는다爲而不恃 功成而弗居", "공을 이루었으면 몸을 물리는 것이 하늘의 도功遂身退天之道也"라는 노자의 사상에 부합하는데, 이런 태도로 오히려 청사에 이름이 높은 옛 현자 중에는 범려가 대표적이다.

중국 춘추시대 월왕 구천의 군사 범려는 와신상담臥薪嘗膽으로 숙적 오나라를 패망시키자마자 월왕 구천이 고난을 나눌 수는 있지만 부귀는 나눌 수 없는 그릇임을 알고는 사직을 청했다.

"신은 군주가 근심하면 신하는 수고로워야 하며 군주가 치욕을 당하면 신하는 죽어야 한다고 들었습니다. 예전에 군왕께서 회계산에서 욕을 당해서 죽지 않은 것은 이 일을 위해서입니다. 지금 이미 욕을 설욕하니 신은 회계에서 벌을 따르겠습니다."

그러자 구천이 만류하며 말했다.

"짐은 장차 그대와 나라를 나눠 소유하려고 하오. 그렇지 않으면 내가 벌을 받을 것이오."

그러나 그것이 입에 발린 말임을 훤히 아는 범려는 월나라를 떠나면서 친구 문종에게 편지를 보내 병을 핑계로 벼슬을 버리고 낙향하여 몸을 보존할 것을 충고한다.

"새 사냥이 끝나면 활이 필요 없게 되고, 교활한 토끼가 죽으면 사냥개는 삶긴다네."

토사구팽兎死狗烹의 고사가 여기서 생겼다. 범려의 충고에도 불구하고 망설이던 문종은 결국 구천에게 역심을 의심받아 자결했다.

범려는 단출한 행장으로 서둘러 떠나 이름을 숨기고 천하를 주유하며 다시는 돌아오지 않았다. 상업으로 생업을 삼은 범려에게 가는 곳마다 억만금이 쌓였으나 그때마다 재물을 모두 흩어버리고 범려는 천하의 자유인으로 살았다. 범려는 스스로를 도주공陶朱公이라 했고, 사람들도 그가 도주공인 줄만 알았다.

사토시 나카모토는 과연 21세기의 도주공일까.

4 장

제조업의 스마트 혁신과
인더스트리 4.0

● 인더스트리 4.0이 바꿔놓을 미래

미국은 3차 산업혁명으로 불리는 정보통신기술 혁명을 확실하게 주도하고 있다. 반면에 독일을 비롯한 유럽은 정보통신의 바다에서 별다른 기회를 잡지 못했다. 정보통신산업의 꽃인 인터넷 분야만 해도 세계 20대 시가총액 인터넷 기업에 유럽 기업은 없다. 유럽의 인터넷 시장 역시 미국 기업이 독점하다시피 했다. 가브리엘 독일 경제에너지부 장관은 이를 우려하며 "독일 기업의 데이터는 미국 실리콘밸리의 4대 IT기업 수중에 있다"라고 말했다.

독일인의 걱정은 이뿐만이 아니다. 최근 무서운 기세로 발전하는 중국의 제조업도 걱정이다. 2012년 중국 제조업의 부가가치는 전 세계 제조업의 20퍼센트에 이르는 2조800억 달러를 기록했으며 중국은 미국을 위협하는 제조업 대국으로 급부상했다. 그리하여 중국을 두고 '세계의 공장'이라는 표현이 생겼으며, 'Made in China'가 세계의 땅 끝까지 미치게 되었다.

독일의 인더스트리 4.0은 한편으로는 독일의 제조업에 침투한 미국의 정보통신기술에 대처하고, 다른 한편으로는 중국 제조업의 저비용 경쟁을 압도할 수 있는 혁명이어서 의미심장하다.

인더스트리 4.0은 4차 산업혁명이다. 스마트 공장의 선구이자 상징이 된 지멘스의 인더스트리 4.0 전자제품 제조 공장은 미래 독일 산업의 축소판이다. 바이에른주에 설립된 이 공장은 건물 세 동의 소박한 규모지만 세계 최고의 최첨단 디지털 생산 시설을 갖췄다.

이 공장의 기계와 제품은 통신으로 연결되어 있고, 전체 생산 과정도 IT 제어 방식에 최적화되었다. 기존 업무량의 4분의 1도 안 되는 수준으로 데이터 검사와 기록 등의 인력이 필요한 노동을 처리할 수 있다. 공장은 초당 1개꼴로 매년 30억 개의 부품을 생산하는데 디지털화 이전보다 생산성이 8배나 높아졌다. 게다가 모든 부품과 공정을 실시간으로 모니터링하고 처리하므로 고객에게 24시간 안에 제품을 공급할 수 있다.

이 공장을 보면 미래의 인더스트리 4.0이 가져올 혁명이 어떤 모습일지 가늠해볼 수 있다. 이미 거의 모든 생산 라인이 인력 없는 무인 시스템으로 운영된다. 이것은 우리가 상상하는 미래의 공장 모습이다. 부속품이 컨베이어벨트를 따라 조용하고 신속하게 깨끗한 기계 옆으로 이동하는 모습, 작고 정교하며 동작이 민첩한 운송 로봇이 작업장 사이의 통로를 오가며 물품과 재료를 나르고 부품을 창고로 옮기는가 하면, 장비를 점검하고 수리한다. 용접도 민첩하게 움직이는 로봇이 담당한다.

또 높다란 곳에 자리한 유리 제어실에서 수십 명의 엔지니어가 로봇 기계를 조종하는 모습을 상상할 수 있다. 사람은 기계의 작동을 관찰하고 모니터링을 할 뿐, 고생스럽고 힘든 일은 모두 고성능 컴퓨터가 대신한다. 고성능 컴퓨터는 이미지화 방식으로 데이터를 실시간으로 정확하게 보여주는 것은 물론, 생산 과정에서 일어난 변화를 알린다. 이러한 변화를 주도하는 것은 무선통신을 통한 커뮤니케이션이다.

일각에서는 세상과 격리된 텅 빈 공장에서 기계가 사람의 일을 대체하게 되면 실업률이 급상승할 것이고 중산층이 점차 사라질 것이라며 우려한다. 그러나 독일의 인공지능 연구센터

CEO 볼프강 박사는 이런 우려를 기우라고 반박한다. **설령 인더스트리 4.0 시대에 공장에서 사람이 자취를 감춘다 해도 기계가 완벽하게 인력을 대체할 수는 없다는 것이다.** 다만 사람이 수행하는 업무 내용에는 근본적인 변화가 일어날 것이다. **사람은 육체노동 대신 계획, 협조, 혁신, 의사결정 같은 일만 하게 되면서 블루칼라 노동자 비중이 점점 줄어들 것이다.**

독일 프라운호퍼 산업공정연구소가 〈미래의 생산 : 인더스트리 4.0〉이라는 논문에서 결론 내린 대로, 거의 모든 생산 과정은 인터넷으로 제어하는 분산 제어 방식의 통제로 이루어지고, 가치사슬의 각 파트는 네트워크로 서로 연결될 것이다.

인더스트리 4.0은 사람의 업무 수준을 높이면서 직원과 관리자의 경계를 지워갈 것이다. 인더스트리 4.0의 최대 공헌은 스마트 생산에 적용하는 스마트 보조 시스템을 통해 단조롭고 공정화한 업무에서 벗어날 수 있게 도와준다는 것이다. 이에 따라 인간은 더욱 혁신적이고 부가가치 높은 업무에 집중할 수 있게 될 것이다.

세계적인 인적자원 기업인 맨파워그룹ManpowerGroup은 '그레이칼라 노동자' 라는 새로운 개념을 제시했다. 인터넷으로 연결된 기계의 프로그램을 짜고, 유지 보수를 책임지며, 기계에 고장이 발생하면 즉시 정상 작동되도록 조치하는 업무를 담당하는 노동자를 일컫는다. 이들 그레이칼라 노동자는 프로그래밍 외에 복잡한 데이터를 이해하고 관리팀과 협업한다.

다른 한편으로 인더스트리 4.0 시대는 직원에게 더 많은 능력이 요구되는 시대다. 특히 현장 직원은 제품 판단 능력과 즉각적인 의사결정 능력을 갖춰야 한다. 인더스트리 4.0 시대에는 생산과 제조 분야에서 사람이 차지하는 비중이 변화하면서 우수한 직원을 평가하는 기준에도 변화가 생길 것이다. 제품과 생산방식의 난도가 점점 높아지기 때문에 스마트 제조를 다루는 직원은 더욱 높은 전문성을 갖춰야 한다. **미래에는 전문 기술이 필요한 일자리 비중이 높아지면서 숙련이 필요한 일자리는 줄고, 능동적인 일자리가 증가할 것이다.**

인더스트리 4.0은 세상의 모든 일을 근본적으로 바꾸어놓을 것이다. 앞으로 인간 중심의 업무 조직에 더욱 광범위한 기회를 제공할 것이다. 직원은 업무 범위가 넓어지고, 더 많은 교육과 행동의 자유를 누리게 될 것이며, 더욱 다양한 경로에서 지식을 획득하게 될 것이다. 이뿐 아니라 교육이 필요한 업무 소재와 업무 교류 형태가 출현하면서 교육과 학습의 생산력도 더욱 향상될 것이다. IT기술의 비중이 증가하면 새롭게 배워야 하는 지식과 기술도 증가하게 마련이다.

이러한 전망 속에서 인더스트리 4.0은 미래에 우리에게 무한한 기회를 제공할 것이다. 미국의 경영학자 짐 콜린스가 《좋은 기업을 넘어 위대한 기업으로》에서 말한 것처럼 "직원이건 조직이건 모두 끊임없이 자기계발을 위해 노력하면서 위대해지고자 하는 본능을 현실로 만들기 위해 최선을 다해야 한다."

● 글로벌 제조업 환경의 빅뱅 ────────

◆ ◆

오늘날 제조업의 환경 변화는 제조업에 종사하는 노동력이 감소하고 있고 기능공이나 숙련공의 고령화도 가속화하고 있다는 것이다. 출산율 저하 및 고령층 경제활동 증가 등의 영향으로 선진국의 제조업 생산인구는 급감하고 고령화되는 반면, 중국ㆍ인도 등 개발도상국은 탄탄한 노동력을 보유하고 있다.

제조 강국인 일본과 독일의 제조업 종사자는 1990년부터 감소세가 지속되는 반면, 인도는 2040년까지도 생산인구의 비중이 계속 증가세를 유지할 전망이며, 중국도 2010년 이후 감소세로 전환되었지만 감소 속도는 빠르지 않은 상황이다.

글로벌화, 도시화, 인구구조의 변화 및 에너지 형태의 전환이라는 세계적 규모의 사회적 변화는 이에 대응하는 솔루션 발견을 위한 기술적 원동력으로 이어진다. 이렇게 빠르게 고령화되고 있는 제조 숙련공들의 노하우를 공유하고 전수하는 시스템을 설계함으로써 생산인구 감소를 극복하고 생산성을 향상시키는 것은 이런 환경 변화에 대응하기 위해 필요하다.

전통적인 제조 분야생산직에 대한 업무 기피와 제조업의 공동화가 심화되고 있다. 도시화가 진전되고 소비문화가 확산되며, 저임금의 제조업을 기피하고 서비스업을 선호함에 따라 경제 구조가 서비스업 중심으로 전환되면서 제조업 취업의 매력도는 갈수록 떨어지고 있다. 이에 따라 제조업이 값싼 노동력을 찾아 개도국으로 이전하면서 제조업 전반의 노동가치가 하락하고 있고, 제조업의 공동화 현상이 급속히 진전되고 있다.

1차18세기, 2차20세기 초 및 3차 산업혁명1970년대 초을 거쳐 정보통신기술ICT : Information and Communication Tehnology과 제조업이 완벽하게 융합하게 될 4차 산업혁명기의 도래가 초읽기에 돌입했다. 수력과 증기기관을 이용한 공장기계화, 전력을 이용한 대량생산, 전자기기와 ICT에 따른 부분 자동화를 거쳐 ICT와 제조업이 융합하는 신산업 혁명기가 도래하고 있다.

ICT와 제조업의 융합을 통한 제조업의 서비스화와 고부가가치 창출은 과거보다 제조업의 효율을 높이면서 각국의 제조업의 비중을 높이는 수단으로 작용하게 될 것이다. 제조업과 ICT 융합이 새로운 경쟁력이 되고 있고, 생산방식의 혁명을 일으키며 제조업 위기의 돌파구로 주목받으면서 제조업 부활에 날개를 달아주는 새로운 요소로 부상하고 있다.

4차 산업혁명기에는 ICT와 제조업의 융합으로 산업 기기와 생산 과정이 모두 네트워크로 연결되고, 상호 소통하면서 전사적 최적화를 달성하게 될 것이다. 기술의 진보로 공장이 스스로 생산, 공정 통제 및 수리, 작업장 안전 등을 관리하는 완벽한 스마트 공장smart factory으로 전환되는데, 스마트 공장은 생산 기기와 생산품 간 상호 소통체계를 구축해 전체 생산 공정을 최적화·효율화하고, 산업 공정의 유연성과 성능을 새로운 차원으로 업그레이드하게 된다.

또 하나의 기술적인 변화로는 **사물인터넷, 빅데이터, 클라우드 컴퓨팅, 스마트 로봇 등 기반 기술이 동시다발적으로 발전한 것이다.** ICT의 발전은 산업 공정에서 완전한 자동 생산체계와 지능형 시스템 구축을 가능하게 함으로써 스마트한 생산과 함께 제조업의 생산성과 효율성을 제고하게 되었다. 사물인터넷으로 정보를 교환하고, 클라우드로는 정보를 더하며, 빅데이터로는 상황을 분석하는 생산 시뮬레이션을 가동하는 생산체계 구축이 가능하며, 로봇은 휴먼-머신 인터페이스로 작업하는 것이 가능해졌다.

ICT는 네트워크에 접속된 기기끼리 자율적으로 동작하는 M2M_{machine to machine}이 개발, 판매, ERP_{전사적 자원관리}, PLM_{제품 수명 주기 관리}, SCM_{공급망 관리} 등의 업무 시스템에 활용되어 자동화를 촉진하고 있다.

브릭스_{BRICs} 국가를 중심으로 제조 경쟁력 상승세가 지속되는 반면에 미국·독일·일본·한국 등 전통 제조 강국의 순위는 하락하는 추세다. 저가 공세와 저렴한 인건비, 기술 개발 노력 등이 맞물리면서 중국의 상품 수출 비중은 2012년에 10퍼센트를 돌파하는 등 제조 최강국 지위를 유지하고 있다. 제조 강국은 생산성과 기술력 측면에서 여전히 경쟁력이 있지만, 브릭스 국가에 비해 임금과 제조비용 그리고 전력 비용에서는 격차가 확연하게 벌어지고 있는 실정이다.

선진국들은 이의 대응책으로 상품 수출국을 대상으로 지적재산권 판매 및 라이선싱, 기술 정보 및 서비스를 확대함으로써 수출 경쟁력 하락을 방어하고 있다. 단일 제조 상품만 판매하던 방식에서 벗어나 상품 수출과 기술 서비스를 접목하고 있는데, 독일 정부는 2006년부터 제품 판매와 기술 서비스의 융합을 확대innovation with service하면서 서비스 수출과 세계화에 집중하고 있다. 그 결과 독일은 2005년 기술 무역수지가 흑자로 전환되었고, 상품 무역과 기술 무역에서 쌍끌이 흑자를 달성하는 보기 드문 성장을 이루게 되었다.

마지막으로, ICT를 기반으로 모든 사물이 인터넷으로 연결되어 사람과 사물, 사물과 사물 간의 정보를 교환하고 상호 소통하는 사물인터넷이 신성장동력으로 부상하고 있다.

센싱이나 데이터 취득이 가능한 사물에 인터넷을 연결하는 기술인 사물인터넷의 발전은 우리의 생활뿐 아니라 제조업의 생산방식을 180도로 바꿔놓을 전망이다. 공장 내부설비 · 반제품 · 작업자는 물론 공장 외부고객 · 조달 · 유통 · 재고와의 네트워크가 강화되면서 제조 생태계 차원에서의 공정 최적화를 달성할 수 있게 되었다.

이렇게 모든 것이 네트워크로 짜이는 초연결 사회에서 제조업은 단순 생산 프로세스의 변화나 최적화를 초월해 포괄적이고 편재적인 HMIhuman-machine interface를 형성한다. 모바일 · 소셜·클라우드·정보 등의 ICT가 통합·연계되면서 스마트 공장, 스마트 홈, 스마트 시티 등의 생활을 실시간으로 연결하는 것이 가능해졌다.

2008년 글로벌 금융 위기 이후 선진국을 중심으로 제조업 르네상스 정책이 강화되고 있으며, 선진국들은 첨단 제조업에 집중하고 있다. 현대 경제에서는 서비스업 중심의 시장경제 시스템이 경제 성공 방정식으로 받아들여졌으나, 글로벌 금융 위기와 유럽 재정 위기로 이런 방정식에 의문이 제기되었다.

2008년 금융 위기를 겪은 선진국 중 제조업이 강한 국가의 경기가 빠른 속도로 회복됨에 따라, 독일·중국 등 제조업이 탄탄한 국가가 위기에 강하다는 인식이 확산되었다. 해외에 나가 있던 공장들이 해외 생산품의 운송비용, 지적재산권 침해, 지지부진한 공정 혁신, 상승하는 인건비 등 여러 이유로 다시 돌아오는 리쇼어링reshoring가 분위기가 확산되고 있다.

미국과 일본을 중심으로 정부 중심의 세제 혜택 강화, 제조 R&D 강화 및 제조업 효율화를 위한 에너지 정책 등 제조업 중심의 혁신체계 구축 노력이 가시화되고 있다. 서비스업으로 경쟁력을 강화하려 했던 선진국부터, 산업 기반 확충을 도모하는 신흥국까지 제조업의 육성을 기반으로 한 국가 성장 전략을 추진하고 있는 것이다.

미국은 법인세 인하, 해외 진출 기업 리쇼어링 장려, 제조업 혁신 허브 증설, 첨단 제조 기술 전략AMP, 제조업 혁신연구소 건립 등을 종합적으로 추진하며, 일본도 제조업 경쟁력을 강화하기 위해 6대 전략, 37개 과제로 구성된 산업 재흥 플랜을 제시하고, 향후 5년간을 긴급 구조 개혁 기간으로 지정했다.

독일은 다가올 4차 산업혁명을 주도하고 미래 제조업의 경쟁력을 선점하기 위해 '인더스트리 4.0' 프로젝트에 2억 유로를 투자했다. EU는 유럽 제조업의 부활을 성공시키기 위해 기업과 정부가 공통의 행동계획커먼 아젠다을 수립하고, 향후 15년에 걸쳐 연간 약 900억 유로씩 투자할 계획이다.

◆ ◆

과학기술 혁신에 관한 핵심 전략인 하이테크 전략은 고용 창출을 위해 중소기업 지원을 촉진하는 것으로, 고용 창출에 중심을 두고 있는 것이 특징이다.

인더스트리 4.0은 독일 전기통신기계공업회BITKOM, VDMA, ZVEI가 운영하는 '인더스트리 4.0 플랫폼' 사무국에서 산학 연관 워킹그룹이 공동으로 추진했다. 인더스트리 4.0은 독일 제조업이 직면한 사회S·기술T·경제E·생태E·정치P 부문의 변화에 ICT를 접목해 총력적으로 대응하겠다는 전략이다.

이를 통해 제조업 위상 강화, 고급 인재 유치, 양질의 일자리 마련, 풍요로운 생활 영위 등의 파급 효과를 기대하며, 산학 연관의 힘을 결집해 새로운 제조업을 모색하는 것이다. 사이버 물리 시스템CPS을 기반으로 스마트 공장 구축, 외부 제조 생태계와의 네트워킹 강화 등을 통해 4차 산업혁명을 일으키고 주도권을 확보하겠다는 목표이며 사물인터넷, 클라우드 컴퓨팅, 임베디드 시스템 등의 기술을 접목해 숙련공의 지식과 노하우를 적재적소에서 적시에 활용하고 노동생산성 향상에 기여하자는 것이다. 인터넷 등의 네트워크를 통해 공장 내외의 사물 및 서비스와 연계해 새로운 가치와 비즈니스를 창출하고, 궁극적으로는 에코 사회 등 다양한 사회문제 해결에까지 연결하는 것을 목표로 한다.

독일 정부는 연방교육연구부와 연방경제기술부의 지원 아래 4가지 프로젝트를 추진해왔는데, 스마트 공장 구축, 기반 기술인 사이버 물리 시스템 및 인공지능 시스템 기술 개발·확산, 통신 및 인터넷 기술 개발 등이다. 독일 인공지능연구소는 스마트 공장 기술의 사실상의 표준화 정책을 구축하기 위해 다양한 기관의 참여를 독려했는데, 초기에는 DFKI가 주축이 되었지만, 현재는 기업과 대학, 연구소 등 27곳이 스마트 공장 프로젝트에 참여하고 있다.

ICT와 제조업의 결합은 3차 산업혁명인더스트리 3.0 시대에 시작했지만, 제조 공정은 부분 자동화에 머물러 있고 공정 간 또는 제조 생태계 차원의 최적화에는 한계가 있다. 중앙제어기가 명령을 내리면 생산설비가 받아들여 반제품을 가공하는 단순 반복 체계만이 가능하며 개별 생산 공정에서는 최적화가 가능하지만 생산 공정 전체에서 최적화 달성은 곤란한 상황이다.

인더스트리 4.0은 제조 공정의 최적화 문제를 해결하기 위해 다양한 기기·설비·작업자에게 센서를 부착해 정보를 중앙에서 수집하고 관리하는 체계를 구축한다. 그러나 아직 사물 간 통신IoT 단계까지 발전하지 못했기 때문에 실시간 최적화가 미흡하고 중앙통제 시스템의 지능화 속도가 더뎌 휴먼 에러 발생 가능성은 여전히 상존하고 있다.

현재 중앙통제센터에 전문 기술 및 관리 인력이 배치되어 화면의 신호 또는 모바일로 전송된 정보를 통해 상황을 파악함에 따라 아직 실시간으로 지능화된 경영을 구현하는 단계에까지는 못 미치는 상황이다.

사물인터넷, 데이터 및 관련 서비스, 분산형distributed 지능 시스템, 자율형 프로세스 관리와 같은 첨단기술을 실물 및 가상 세계에 적용하여 생산 및 제조 프로세스의 새 장을 열어, 4차 산업혁명이라고 일컬을 수 있는 혁신으로 기대를 모으고 있다. 이는 중앙집중형 생산에서 분산형 생산으로의 패러다임 전환을 통해 전통적인 생산방식에서 탈피하고 **기계 및 기계 설비가 단순히 제품을 처리하는 수단이 아닌 제품과 기계 간의 커뮤니케이션을 통해 정확히 어떤 과업을 수행해야 하는지 인지할 수 있는 생산의 주체로 변화하는 것을 의미한다.**

인더스트리 4.0은 임베디드 시스템 생산 기술과 스마트 생산 프로세스를 결합하여 제조업과 관련 산업의 가치사슬 및 비즈니스 모델을 획기적으로 변화시키기 위한 시도로, 이런 가치가 실제로 구현되는 플랫폼을 스마트 공장이라고 한다.

기계설비뿐 아니라 소재·반제품에 센서와 메모리를 부착하고, 주문에 따라 설비에 가공 명령을 내리면 생산 공정의 병목 현상을 자가 진단해 유연하게 최적 생산 경로를 결정한다. 메모리를 기계가 읽고 소비자 선호도, 공정 상태, 가공 방향 등을 스스로 분석해 실시간으로 최적 경로를 계산해서 현 시점에서 가장 효율적인 경로를 선택하고 적용하며, 고객 맞춤형 생산, 물류·유통 현황 파악, 사용·재활용 과정 추적 조사 등으로 제품의 모든 주기에서 최적화 문제를 검토하고 상류 공정에 실시간 피드백을 함으로써 공정 혁신을 달성한다.

시맨틱 웹semantic web 기술이 메모리에 탑재되고 산업용 시맨틱 메모리로 발전하는데, SW가 통신 또는 인터넷 문서 내용과 의미를 추출해 정보를 덧붙이고, SW 에이전트가 원하는 정보를 자동 추출하고 가공하는 시맨틱 웹 기술이 발전한다.

시맨틱 메모리가 탑재된 설비는 레고 블럭처럼 움직이기 때문에 모듈형 생산 플랫폼을 구축할 수 있고, 고객맞춤에 따라 생산 공정을 유연하게 변경하는 것이 가능하다. 무선통신 기반으로 메모리 간에 소통하기 때문에 단순한 레이아웃 설계가 가능하고 설비 공유 및 교환, 리스 등을 통해 공장 운영자의 선호 및 고객니즈에 맞춰 최소 공간에서 다양한 공장 레이아웃 설계 및 다양한 운영방식 적용이 가능하다.

지능화된 생산설비가 MES생산관리 시스템, ERP와 연동된다. 중앙정보 처리장치의 일방적 명령이 아닌 작업장 내 모든 설비가 상호간 또는 중앙정보 시스템과 실시간 통신하고 공장별 MES와 연동하여 최적화된 조업 솔루션을 도출한다. 공장 내 최적화 솔루션은 실시간으로 ERP와 연동하여 그룹사 전체의 경영·재무·재고·유통·인사 전략 수립에 기여하게 된다.

CPS사이버 물리 시스템을 통해 스마트 공장과 사물인터넷 세상을 연결하고, PLC제품 생애 전주기 관리를 수행한다. 공장 내외 사물이 센서로 연결돼 IP 공장 · IP 세상을 연결하는 CPS 기술이 발전하고 이에 따라 스마트 공장은 스마트 그리드, 스마트 교통체계, 스마트 빌딩과 연동되고 재료와 제품의 생애 전주기 관리 시스템을 구축한다. 실시간 제품 정보가 출하에서 폐기 단계까지 공유되고 저장된 모든 정보가 생산 과정에 환류되어 자원 효율의 극대화에 기여한다.

● ● ●

소비자 고유의 선호도가 제품 주문 및 생산 계획 단계에 반영되고 고객의 선호도 변화에 따라 제조 방식 및 디자인이 실시간으로 변경하는 것이 필요하다. 고객 니즈 저장, 설비 부문과 생산 방식 간의 통신, 생산정보를 고객사와 공유하기 위해 RFIDRadio Frequency Identification 기술 개발 및 시스템 구축이 중요해졌다. 시장 변동성에 맞춰 용이하게 시제품을 제작하기 위해 3D 프린팅 기술이 다양하게 적용되고 있다.

나만을 위한 제품이 각광받는 '배치 사이즈 원 Batch Size 1**' 시대 개막과 개별화된 제품의 생산이 이루어지고 있다.** 고객은 개별화된 제품에 5~20퍼센트의 프리미엄을 지불할 의사가 있기 때문에 생산원가를 낮출 경우, 이윤 창출과 함께 고부가가치의 시장 선점이 가능하다.

나이키는 세상에서 단 하나뿐인 운동화를 주문 제작해주고 있으며NIKE ID, 단 하나뿐인 초콜릿 제품을 만들어주는 회사 Chocomize도 등장했다. 제약업계에서는 약통에 스마트 메모리를 부착해 생산년도, 선적일 등을 저장하고 개봉 후 주변 환경에 반응하여 경과시간 등 환자를 위한 맞춤정보를 제공한다.

고객주문이 생산 공정에 미치는 영향 등을 사전에 시뮬레이션해서 비용을 절감할 수 있다. 지멘스는 TIAtotally integrated automation SW를 개발해 공장 레이아웃 점검부터 제어 설계, 생산 시뮬레이션, 가동 모니터링을 하나의 패키지에서 구현했다.

고객 주문에서 맞춤형 생산 관리, 재고 및 유통 관리, 고객사 이송 및 A/S까지 End-to-End 엔지니어링이 실현되었다. 포스코는 창고-유통기지-고객사 도착까지 RFID 체제를 구축했고, 이를 통해 고객사는 제품 입출고 및 재고 관리를 자동화할 수 있고, 포스코는 고객사 재고 수준을 자동으로 확인하여 JITjust in time 생산이 가능해졌다.

숙련공의 노하우를 디지털화하거나 숙련공과 미숙련공을 원격으로 연결시켜 속인성 지식을 공유 또는 전수하는 환경이 마

련되었다. 숙련공의 속인성 기술을 동영상으로 만들어 클라우드 컴퓨터에 저장하고 언제 어디서든지 지식을 공유하도록 시스템을 구축하여 이를 활용하는 것이 가능해졌다. 가상·증강 현실 기술의 발달로 구글 글래스나 모바일 기기를 통해 손쉽게 현장 교육이 가능해져 장거리 생산 현장에 갈 필요 없는 원격 교육 및 원격 보수가 가능하다.

설비 교체를 통한 공장 업그레이드가 아니라, 설비 기능을 상시 모니터링하고 설비에 탑재된 SW 앱을 업그레이드할 수 있는 앱 스토어가 구축된다. 스마트 공장에서는 앱 스토어에 저장된 앱을 이용해 실시간 설비 모니터링, 장비 원격제어, 생산설비의 SW를 빠르고 쉽게 할 수 있고 원격 갱신도 가능하다. 이는 글로벌 시장에서 고객 유지lock-in 효과와 함께 고객과 중장기적 신뢰관계를 구축할 수 있다.

공장 스마트화로 새로운 제품 생산뿐 아니라 에너지 소비나 기피되는 제조업 근로자의 노동 환경 등 현대사회가 안고 있는 다양한 문제까지도 해결이 가능하다. 현재는 조업 재개를 위해 많은 에너지를 소비하지만, 공장 조업에 맞춰 에너지 공급을 실시간으로 조정하면 전체 에너지 소비량을 큰 폭으로 절감하는 것이 가능해진다. ICT 활용으로 기계·설비를 원격지에서 조작하게 되면 통근 자체가 불필요해지고 안전한 장소에서 쾌적하게 근무할 수 있게 되어 근로자 생활의 질이 향상된다.

인더스트리 4.0은 공장자동화 기술, 제조 기술, 정보통신 기술 그리고 차세대 인터넷의 중요한 방향성을 제시하고, 산업의 신시대를 선도할 것으로 기대된다. 그러나 인더스트리 4.0을 통한 제조업의 혁신을 기대하지만, 실현을 위한 과제도 있다. **제조 공장의 설비를 공장 내외의 다양한 물건이나 서비스와 연결해야 하기 때문에 통신 수단이나 데이터 형식 등 많은 사물의 표준화가 중요하고 시급하다.** 또 생산 시스템과 그 이외 시스템이 다양하게 연결되면서 시스템 전체가 복잡해지고 어려워지므로 특별 관리가 필요하다. 게다가 산업용으로 견딜 수 있는 신뢰성SLA 높은 통신 인프라 정비가 필수적이며, 외부 네트워크와 접속하면 악성 SW 침입 등 사이버 공격의 위험성이 높아지므로 안전이나 보안 확보가 중요하고 시급하다.

한편, 해외 주요 국가와 선도 기업들은 지능정보기술의 파괴적 영향력에 앞서 주목하고 장기간에 걸쳐 대규모 연구와 투자를 체계적으로 진행하고 있다. 해외 주요국은 지능정보기술 조기 개발 및 상업화를 통한 경쟁력 강화에 매진하고 있으며, 세계 주요 기업들도 지능정보기술 선점에 기업의 사활이 걸려 있다고 보고 지능정보 분야에 앞 다투어 대규모 투자 및 M&A를 확대하고 있다.

지능정보기술로 인한 산업구조 변화는 필연적으로 일자리 및 업무 성격 등을 함께 변화시키고 삶 전반에 총체적 변화를 불러온다. 사회 전반에 기계가 인간을 대신하여 일을 수행함으로써 생산성 향상, 근로시간 감소, 건강수명 증가 등 경제·사회적 혜택이 골고루 확대될 수 있으나 자동화로 인해 단순 반복 업무의 일자리 수요가 감소하고 고부가가치 업무의 인력수요가 증가하는 고용 구조 변화도 야기시킨다.

그간 우리나라는 국가적 정보화 추진을 통해 세계 최고 수준의 ICT 인프라를 확보하고 산업과 ICT의 결합을 통해 국가경쟁력을 강화하기 위한 노력을 경주했으나 지능정보기술은 지금까지와는 확연히 다른 경제·사회구조 대변혁을 불러올 것으로 보인다. **기술 산업 중심의 정보화를 넘어 교육, 고용, 복지 등 사회 정책도 포괄한 국가적 대비책의 마련이 필요하다.**

한국의 4차 산업혁명에 대한 적응도 순위(노동유연성, 기술 수준, 교육 시스템, SOC, 법적보호 등을 기준으로 평가)는 체코, 말레이시아보다 낮은 25위에 불과하다. 지능정보사회에서 새로운 가치를 창출하고 경쟁력을 확보하기 위해서는 지능정보기술의 확보와 관련 산업의 육성, 서비스의 고도화가 필요하다.

또한 사회 변화에 대한 면밀한 관찰과 사회적 합의를 통해 인간의 새로운 역할과 윤리를 정립하고 부정적 영향에 대한 대응책을 마련하여 인간과 로봇이 공존하는 유연한 사회구조로 재편해 나가야 한다.

이에 우리나라도 더 늦기 전에 미래를 내다보고 혁신적 변화에 대응한 중장기 관점의 대응 전략을 마련하는 것이 필요하다.

2부

결국 답은
리더 안에 있다

5 장

리더는 무엇을
갖추어야 할까

◆ ◆

기업 경영에서 인재를 보는 관점이나 기업을 이끄는 리더십의 성격은 경영자의 스타일에 따라 조금씩 다르긴 하겠지만 큰 줄기는 하나의 흐름으로 변화해왔다. 그러던 것이 **오늘날 권력이 매크로에서 마이크로로 하는 시점에서 크나큰 변곡점을 맞았다.**

기존의 경영학은 "권력을 가진 사람이 그렇지 못한 사람의 행위를 결정할 수 있다"라는 지배의 관점에서 권력을 바라본다. 권력을 자신이 원하는 방향으로 타인을 움직이는 것으로 보는 것이다. 이런 관점에는 극히 소수만 권력을 가지며, 다른 사람의 복종을 얻기 위해 노력한다는 결정론적 관념이 숨겨져 있다. 경영학은 이런 관점에서 출발하여 리더십이라는 개념에 집중한다.

그러나 미셸 푸코는 다른 관점을 제시한다. 권력은 결정된 것도 아니고 거래하는 것도 아니며 행사하는 것이다. 권력은 행동 속에만 존재하며 다양한 관계 내부에 있는 다양한 요소와 힘이 서로 교차하면서 형성된다. 피지배자로서의 직원 역시 권력을 가지고 있다는 것을 보여주는 관점이다. 그렇다면 직원이 상사와 기업에 영향력을 미치는 힘을 탐색하는 것이 바로 직원의 역량이자 마이크로 권력이다.

오늘날 기업의 경영은 직원의 마이크로 권력을 존중하는 방식으로 변화하고 있으며, 그것은 원하는 효과를 거두고 있다. 가령, 갈수록 많은 회사들이 직원들에게 경영에 참여할 권력을 부여하고 있다. "주권은 국민에게 있다"라는 원리를 적용한 것이다. 이는 전적으로 회사의 자발적인 노력이라기보다는 그렇게 할 수밖에 없는 시대의 변화에 회사가 적응해가는 것으로 보인다. 특히 모바일 인터넷 환경이 나날이 진보하고 커뮤니티가 활발해지면서 말단 사원도 자신의 의견을 개진할 수 있는 분위기가 조성되면서 아래로부터의 권력이 힘을 갖게 되었다.

그렇다면 마이크로의 역량이란 뭘까? 가령, 개미 개체 하나는 손가락만으로도 손쉽게 눌러 죽일 수 있을 만큼 연약하지만, 집단으로 보면 지구상에서 서식 분포가 가장 넓고, 개체수가 가장 많으며, 생명력이 가장 강한 생명체 중 하나다.

그러므로 마이크로는 작은 크기와 세분화된 시간을 뜻할 뿐 연약한 것은 아니다. "작은 고추가 맵다"라는 속담처럼 오히려 강인하다. 그리고 유동적이며 신속하다는 특성을 지닌다. 마이크로가 실제로 뜻하는 것은 확산이며, 단순함이 실제로 뜻하는 것은 다양성이다. **최소한의 자원과 시간을 투입하고도 정보와 이익의 극대화할 수 있는 것이 바로 마이크로 역량이다.**

이 시대의 주역 역시 세상이 알아주는 유명한 인사들이 아니라 우리 같은 보통사람이다. 마이크로가 의미를 갖는 이유는, 소소한 삶을 누리는 평범한 사람들을 시대의 거센 변화의 흐름에 참여시켰고, 나아가 막강한 영향력을 발휘할 수 있는 기반을 마련해주었기 때문이다.

우리 개개인은 별 볼일 없는 일에 종사하고 있을 수도 있고 별다른 힘을 갖지 못했을 수도 있다. 그렇다고 해서 개개인을 무시할 수는 없다. **평범하기 그지없는 개개인들의 행동과 힘이 모이면 시대의 흐름을 바꾸는 강력한 엔진이 될 수도 있기 때문이다.**

마이크로 역량은 연대했을 때 막강한 힘이 발휘된다. "낙숫물이 바위를 뚫는다"라는 속담대로 미약한 개개인의 힘이 합쳐지면 거대한 시너지를 발산한다. 사회의 변화와 진보를 이끄는 것은 소수의 선구자들이겠지만, 그런 사상이 조직에서 실현되려면 모든 개개인의 행동이 필요하다. 그러므로 마이크로 시대에 세상을 바꾸는 진정한 역량은 소수의 빛나는 업적이 아니라 개개인의 소소한 업적들이 모여서 발휘된다.

기업으로 눈을 돌려 봐도 마찬가지다. 직원들이 소소한 의견을 제시하고 마이크로 권력을 발휘할 때 기업도 긍정적인 영향을 미치는 마이크로 혁신을 맞이할 수 있다. 기업의 구성원에 불과한 직원이 거대한 기업에 미칠 수 있는 영향력은 상상을 초월한다.

미셸 푸코는 기존의 권력 이론으로는 권력의 본질을 설명할 수 없다며 이의를 제기했다. 기존의 권력 이론에서 권력은 생산을 장악한 특정 계급의 통치를 수호하는 수단에 불과했다. 당시 사회에서 중요한 것은 경제였다. 생산 관련 요소를 지키고 경제를 원활하게 돌아가도록 하는 것이 권력의 주된 역할이었다.

푸코는 권력을 "다양한 힘의 관계가 모인 것"으로 보았다. 권력은 하나의 내부관계며, 이 내부관계는 네트워크 형태로 작동한다. 개인은 이 네트워크의 유동적인 구성원으로서 복종하는 위치에 서기도 하고 권력을 행사하는 위치에 서기도 한다. 푸코는 이처럼 정치·경제 등 외적 요인을 넘어 관계의 내적 요인 차원에서 권력을 성찰했다.

권력은 확실히 관계의 내부에 존재하면서 관계 속의 다양한 요소와 다양한 힘이 복잡하게 얽힌 네트워크 의해 형성된다. 권력은 어디에나 존재하는 거대한 네트워크로 사회의 모든 곳에서 작동하면서 사회 각 분야의 구석구석까지 깊이 침투해 있다. 이 네트워크를 벗어날 수 있는 사람은 없다. 현실 속의 정치·경제·문화 등 수많은 요인들이 얽힌 복잡한 관계, 그리고 이 관계가 작동하고 있는 것이 사회의 네트워크다.

기존의 권력관은 자연과 본능, 개인과 계급을 지배하는 힘이 권력이라는 가설을 전제로 깔고 있다. 게다가 권력 관계의 기초를 세력 간의 적대적 행동으로 본다. 그러니까 권력을 얻는다는 것은 승자가 패자를 지배하는 것을 의미한다.

그러나 현대사회에서는 계층 간의 목표가 서로 충돌하지 않는다. 가령, 빈부격차에 상관없이 사회의 모든 구성원은 하나의 환경에서 더욱 풍요로운 삶을 누리고자 한다. 또 기업에서는 경영진이나 직원이나 모두 이윤 획득이라는 전략적인 목표를 달성하여 더 많은 수익을 올리고자 한다.

이렇게 사회 구성원들은 '사회 네트워크'와 '기업 네트워크'에 소속되어 각자 크고 작은 권력을 담당하고 있으며, 다양한 통로를 통해 권력을 얻거나 구축할 수 있다. 서로 목표가 충돌하지 않으므로 권력 다툼을 하지 않아도 된다.

이런 구조에서 발언권 다툼이나 장악은 더 이상 권력의 관건이 아니다. 권력의 주체는 없으며 중앙집권화되지도 않는다는 푸코의 관점과 일맥상통한다. 각 개인은 권력을 행사하는 일원으로, 권력을 악용하지도 권력에 일방적으로 지배당하지도 않는다. 모든 사람은 권력 행사의 주체이자 대상이다. 즉, **권력은 한 곳에 집중되지 않고 다양한 형태로 이곳저곳에 분산되며,** 그 누구도 권력을 독점하지 못한다. 이런 환경은 '마이크로 권력' 개념을 설명하는 주요 배경이 된다.

"권력이 우리와 멀리 떨어져 있지 않다"라는 말도 이런 배경에서 나온 것이다. 권력을 행사할 수 있는 적당한 통로만 있다면 우리는 모두 아무도 무시할 수 없는 권력을 손에 넣을 수 있다. 경영학의 대가 스티븐 로빈스는 권력을 "한 사람이 다른 사람에게 영향을 미치는 능력"으로 정의한다. 이런 능력은 소수의 부자나 리더만 가진 것이 아니므로 권력을 어떻게 이해하고 행사하느냐가 관건이다.

오늘날 산업 각 부문의 규범을 정하고 사물을 관리하며 권력의 역할을 수호하는 사람은 해당 분야의 권위자다. 공장의 관리에도 전문가가 필요하고 생산 과정에도 전문 엔지니어가 필요하다. 병원과 학교도 관리할 전문가가 필요하고 교도소에도 죄수들을 교화할 전문가가 필요하다. 이것은 평사원도 전문성만 갖추면 권력을 얻어 힘을 발휘할 수 있다는 것을 보여준다. 이렇게 마이크로 권력은 객관적으로 존재한다.

직원과 임원의 관계 차원에서 보면 직원의 권력은 상사의 믿음, 권한 위임, 교환에서 비롯한다. 이런 권력은 직원에게 직접 관리하고 결정할 권력뿐 아니라 간접적으로 관리하고 결정할 권력도 함께 부여한다. 직원의 발언권을 예로 들면, 직원은 자신의 의견을 제시함으로써 관리감독의 역량을 발휘하고 기업의 발전을 위한 아이디어를 제시한다.

직원과 조직이라는 상호작용 측면에서 보면 인터넷 시대의 조직구조는 점차 전통적인 직계구조가 사라지고 수평화 추세를 보인다. 중간관리자의 소멸로 직원들은 이제 임원과 직접 마주하게 되었다. 직원의 조직 내 지위가 상승하고 관리와 기업의 정책 결정에 참여하는 현실이 왔다. 이런 환경은 직원에게 더 많은 책임을 지고, 더 많은 업무에 도전하고자 하는 동기를 부여한다.

이런 현상은 "권력은 생산성을 가지고 있다"라는 푸코의 관점을 새삼 증명한다. **우리는 이제 부정적인 시선으로만 권력을 바라볼 게 아니라 마이크로 권력이 가진 생산성과 창조성에 더 주목해야 한다.**

군주민수君舟民水는 통치자와 민중을 한 척의 배와 물에 비유한 말로, 물은 배를 띄워 나아가게 할 수도 있지만 뒤집어 가라앉힐 수도 있다는 뜻이다. 당나라 초의 명신 위징도 당 태종에게 공자의 이 말을 여러 번 언급했는데,《정관정요》에도 간언하는 장면이 나온다.

"성현이 말하길 '군주는 배요, 민중은 물과 같아서 배를 띄워 주기도 뒤집기도 한다' 고 했으니, 폐하께서 두려워하심이 가히 성인의 뜻과 같습니다."

태상황이연의 봉기가 수나라의 통치를 종결시킨 것을 상기시켜 군왕에게 민심이 얼마나 중요한지를 일깨워주고 있다.

마이크로 권력 관점에서 보면 시민 모두 저마다가 무시할 수 없는 마이크로 권력을 가졌고, 그들이 가진 힘이 하나로 모이면 무도한 정권을 손쉽게 무너뜨릴 수 있다. 마이크로 권력의 역량은 배를 띄울 수도, 뒤집을 수도 있을 만큼 강력하다. 그러므로 우리는 마이크로 권력을 새로운 시선으로 바라보아야 한다.

● 권위를 버린 신뢰의 리더십

◆　◆

관도대전은 적벽대전과 더불어 중국 역사상 약자가 강자를 격파한 대표적인 전투로 꼽힌다. 원소는 이 관도대전에서 패함으로써 조조와의 패권 다툼에서 밀리기 시작한다. 조조와 원소가 처음 군사를 일으킬 당시 나눈 대화는 두 사람의 관점 차이를 확연하게 보여준다.

"남으로는 황하를 거점으로 삼고 북으로는 연나라와 대나라 땅에 의지해 사막의 무리와 힘을 합쳐 남쪽으로 진군하면 성공할 수 있을 것이오."

원소는 이처럼 지리적 이점을 중시했다. 그러나 조조의 생각은 달랐다.

"나는 천하의 지혜로운 자들을 등용하여 도리를 다해 다스리겠소. 그리하면 불가능한 일이 없을 것이오."

세상의 우수한 인재를 등용해 천하를 다스리겠다는 뜻이다. 조조는 인재를 으뜸으로 쳤다. 그렇다면 원소의 수하에는 훌륭한 인재가 없었을까?

원소는 4대에 걸쳐 3정승을 배출한 사세삼공四世三公의 명문 거족 출신이어서 무장이든 책사든 뛰어난 인재들이 구름처럼 모여들었다. 그러나 원소는 사심 때문에 그런 인재들을 적재적소에 활용하지 못했다. 순욱, 곽가, 허유도 애초 원소 휘하에 있다가 "슬기로운 새는 나무를 가려서 둥지를 틀고, 뜻 있는 신하는 군주를 선택하여 섬긴다"라며 조조에게로 갔다.

원소의 결함이 가장 잘 드러난 사건은 전풍의 죽음이다. 전풍은 어려서부터 총명하여 고향 사람들의 촉망을 받았으며, 박학다식하고 지혜가 깊어 형주에서 명망이 높았다. 191년 원소는 한복에게서 기주를 빼앗아 기주목이 되었는데, 전풍의 명성을 듣고 별가別駕로 등용해 신뢰하고 아꼈다.

전풍도 원소의 기대를 저버리지 않았다. 원소가 공손찬을 칠 때 계책을 내어 크게 공헌했고, 천자를 끼고 제후들을 호령하는 계책을 조조보다 앞서 생각했다. 196년 조조가 헌제를 압박하여 허도許都로 천도를 추진할 때 전풍은 원소에게 이렇게 간언했다.

"허도를 먼저 점령해 천자를 모시는 것이 상책입니다. 그리하면 천자의 이름으로 전국의 제후들을 호령할 수 있습니다. 지금 같은 절호의 때를 놓치면 다른 방도가 없습니다."

그러나 원소는 전풍의 말을 듣지 않았다.

200년, 원소는 유비가 조조에게 대패한 뒤에야 허도로 진격하려 했다. 그러나 전풍은 만류했다.

"조조가 이미 유비를 물리쳤으니 허도는 더 이상 비어 있지 않습니다. 게다가 조조는 용병술에 능하고 변화무쌍합니다. 병력이 적다고 해서 얕봐서는 안 됩니다."

원소가 귀담아들을 리가 없었지만 전풍은 원소의 출전을 거듭 반대했다. 원소는 결국 분노가 폭발하여 그를 옥에 가뒀다. 전풍은 옥중에서 원소의 패전 소식을 들었다. 패전 소식을 전해준 옥졸은 미리 석방을 축하했다. 그러나 전풍은 원소가 수치심과 시기심을 견디지 못하고 자신을 죽일 거라고 벌써 예감하고 있었다.

원소는 최강의 세력을 자랑했던 제후였지만 결국 비참한 말로를 맞이했다. 그가 참패한 근본 원인은, 뛰어난 인재들을 거느리고서도 그들의 말을 듣지 않은 데 있다. 그들은 원소 앞에서 입을 다물 수밖에 없었고 결국 하나둘씩 떠나갔다.

오늘날 기업에서도 직원의 건의 행위는 개인 성향뿐만 아니라 리더와 조직 환경 등 여러 요소에 영향을 받는다. 원소는 직원에게 직언할 기회를 주지 않았다. 직원이 좋은 의견을 제시할 창구를 막아버린 것이다. 직원의 건의가 계속해서 묵살당하면 마침내는 침묵에 빠진다. 리더의 결정에 문제가 있다는 걸 알면서도 지적하지 못한다. 그 결과 좋은 의견이 빛을 보지 못한 채 사라지고, 리더가 잠재적인 위험을 제때에 보고받지 못하는 일이 발생한다.

우리는 그동안 전통 경영 방식의 고정관념 속에서 리더의 역할을 과대평가하면서 직원의 역량은 무시해왔다. 그 결과 직원들은 결국 조직에서 목소리를 내지 않게 되었다.

명나라의 마지막 황제 숭정제는 의심이 심했던 탓에 인재 등용 기준을 끊임없이 바꾸었다. 심지어 점괘로 내각의 대신을 결정하기도 했다. 그러니 적재적소에 인재를 배치하는 건 더더욱 기대할 수 없었다. 숭정제는 신하들을 지나치게 의심했고 판단력이 흐려져 통치 기간 내내 수없이 많은 재상과 대신을 갈아치웠다. 그가 통치한 17년 동안 교체된 내각의 대신은 50명이 넘었다.

내각의 모든 대신이 무능했던 건 아니었다. 다만 황제의 변덕과 의심 탓에 능력을 드러낼 기회를 잡지 못하고 황제의 눈치를 살피기 급급했을 뿐이다. 그러다가 숭정제는 결국 돌이킬 수 없는 실책을 저지르고 만다. 결백한 원숭환을 의심해 처형한 것이다. 이 사건을 기점으로 명나라는 몰락의 길로 들어선다.

원숭환은 홀로 동북지역의 국방 상황과 정세를 시찰하고 북경으로 돌아와 요동을 지키겠다고 자청했고, 요동지역에 주둔하면서 영원에 축성하여 누르하치가 이끄는 후금 침략군을 막아냈다. 영원성 전투는 기적이었다. 평생 패전이라고는 몰랐던 누르하치에게 생애 처음으로 패전의 쓴맛을 알려준 전투였기 때문이다. 누르하치의 뒤를 이은 홍타이지의 침공영금대전까지 격퇴한 원숭환은 그 막강한 후금에게도 난공불락이었다.

별 수 없이 퇴각한 홍타이지는 명 조정의 붕당인 엄당 간신배들을 매수하여 숭정제와 원숭환 사이를 이간질하기 시작했다. 의심이 많은 숭정제는 원숭환이 적과 내통하여 홍타이지를 북경으로 유인했다는 간신배들의 참소를 곧이들었다. 결국 원숭환은 모반죄로 투옥되었다가 처형되었다.

숭정제와 선명한 대비를 이루는 인물은 삼국시대의 유비다.

유비의 핵심 측근들은 유비에 대한 충성심이 대단했다. 관우는 모든 명예와 녹봉을 포기하고 5개의 관문과 6명의 적장을 뚫고 곤궁한 처지에 놓인 주군 유비에게로 돌아왔고, 장비는 유비를 주인으로 세우기 위해 작은 지역을 점령하고 기다렸다. 조운은 목숨을 바쳐 유비의 가족을 위험에서 지켰고, 제갈량은 유비의 유지를 받들어 죽을 때까지 촉에 충성을 바쳤다.

현대 경영학에서 조직 신뢰에 대해 일치된 관점은 없다. **조직 신뢰는 조직 문화의 중요한 구성 요소이자 사회적 자산으로, 조직 구성원의 행위에 큰 영향을 미친다.**

지식경제 시대 들어 인재의 중요성은 더욱 도드라져 기업 발전을 추동하는 핵심 자원으로 인식되기 시작했다. 그리고 직원과 직원, 직원과 조직 사이를 끈끈하게 이어주고 매끄럽게 돌아가게 하는 것은 신뢰다. 서로 신뢰해야 조직 구성원들이 원활하게 협력하여 조직의 경쟁우위를 창출할 수 있다.

사회 교환 이론 역시 직원과 조직 간의 사회적 계약을 유지하는 가장 중요한 요소로 신뢰를 제시한다. 따라서 **직원에 대한 조직의 무한 신뢰는 직원의 능력 발휘에 필요한 핵심 요소라고 할 수 있다.**

현실에서 리더는 직원을 지도하고 지지하는 과정에서 흔히 두 가지 실수를 범한다. 불완전한 소통과 부적절한 지도다. 예를 들어, 리더는 직원과 업무 목표를 두고 명확하게 소통하지 못했는데도 지레 부하직원이 회사의 목표를 이해하고 자신의 역할을 파악했다고 예단할 수 있다. 한편으로 리더가 직원을 지도할 때 직원의 반응을 제대로 파악하지도 않고 섣불리 권한을 위임하게 되면 직원은 리더의 지침을 오해하거나 문제의 본질을 파악하지 못하게 된다.

생물이 진화하는 것과 마찬가지로 기업도 끊임없이 혁신해야 생존하고 성장할 수 있다. 제품, 서비스, 유통뿐이 아니라 조직 구조와 경영 모델도 혁신해야 할 대상이지만, 조직구조와 경영 모델을 개혁하는 기업은 흔치 않다.

과감하게 조직구조 개편에 나선 하이얼은 그 과정에서 많은 변화를 겪었다. 초기에는 가전 산업에서 입지를 다지기 위해 브랜드 전략과 다각화 전략을 실행했다. 사업부제, 중앙관리, 분권관리가 당시 하이얼의 경영 방식이었다. 하이얼의 다각화 전략을 뒷받침하기에 충분했지만, 각 사업부가 조화를 이루지 못하는 혼란이 발생하면서 결국 대기업병을 피해가지 못했다.

하이얼이 앞으로 추진할 글로벌화 전략에도 큰 차질이 생겼다. 이것은 하이얼의 관료제가 막다른 골목에 다다랐으니 바뀌어야 할 때가 왔다는 것을 시사했다.

하이얼은 기존의 관료제를 혁파하고 플랫폼 형태의 조직으로 거듭났다. 이 플랫폼은 투자 주도 플랫폼과 시장 사슬 플랫폼이라는 두 가지 형태로 구성되어 있다.

투자주도 플랫폼이란 기업을 관리형 조직에서 투자 플랫폼으로 탈바꿈시킨 것을 뜻한다. 각종 부서와 사업부는 모두 폐지되어 창업팀으로 재편되었다. 회사와 각 창업팀은 주주와 창업자의 관계이며, 플랫폼에는 오직 주주와 창업자만 존재한다. 다시 말해 기업은 플랫폼의 주인, 마이크로 기업체, 마이크로 기업체의 직원으로 구성되고, 플랫폼은 마이크로 기업체에 자금과 자원, 시스템과 문화 등을 지원한다.

시장 사슬 플랫폼은 기업이 직원에게 직접 임금을 지급하는 방식에서 벗어나 직원이 직접 소비자와 교류하면서 창출한 가치에 근거해 임금을 받는 방식을 뜻한다.

과거에는 상품을 많이 팔수록 임금이 상승했지만, 현재는 소비자를 많이 확보하고, 소비자로부터 좋은 평가를 많이 받을수록 높은 임금을 받는다.

이렇게 기업과 권력과 이익을 공유한 직원은 한 명의 벤처기업가 혹은 하나의 포트로 변신하여 자신의 적극성을 최대한도로 발휘하게 된다. **자신에게 부여된 권력을 잘 파악하여 자신에게 할당된 시장을 자발적으로 책임지는 것이다.**

페이스북의 리더는 직원에게 권력을 넘겨주고 자신은 우수한 팀과 적합한 조직구조 형성, 회사에 적합한 직원의 선발, 문화와 분위기를 형성하는 역할에 주력하면서 기업을 이끈다. 직원의 클라우드 역량을 끌어내는 것을 리더의 사명으로 여긴 것이다.

권한을 양도받은 직원은 회사의 복지뿐 아니라 발언권, 혁신권 등을 손에 쥐는데 이것이 바로 클라우드 역량이다. 클라우드 역량을 발휘하는 직원은 적극적으로 생각하고 자주혁신을 꾀함으로써 기업의 실적을 두 배 이상 향상시킨다. 권력을 독점하고 명령을 내리던 전통적인 리더십과는 확연히 다른 방식의 리더십이다.

클라우드적 사고방식을 경영학에 대입하면 '방치된 인재의 역량을 한 곳에 모으는 것'이다. 이런 발상은 파편화된 현재의 시대에 적합하다. 개인은 자신의 빛과 열을 모두 발산해 한 조각의 '직원 클라우드'가 됨으로써 신뢰와 존중을 받기를 기대한다. 기업이 클라우드 역량을 효율적으로 관리하고 계발한다면 거대한 재능과 자산을 얻게 된다.

클라우드 리더십은 권력을 넘겨주는 것이다. 더 이상 경영자의 '독재' 는 없다. 경영자는 '자발적인 열의' 를 끌어내기 위해 권력을 직원에게 이양했다. 산업 노동자였던 직원은 오늘날 지식형 인재로 거듭나면서 문제 해결의 주체로 자리 잡아가고 있다.

◦ 4차 혁명 시대의 인재 육성 리더십과 복지의 힘―

◦　◦

4차 산업혁명 시대는 기업의 생존에 필요한 제품, 기술 등의 생명 주기가 갈수록 짧아지고 있다. 이러한 환경은 기업이 학습 조직으로 거듭나도록 재촉하는 요인이다.

1980년대 말 무렵 영국 최대의 자동차 제조기업이던 로버 Rover는 경영난에 허덕였다. 한 해 적자가 1억 달러를 넘어서고 내부 경영은 극도의 혼란에 빠져 있었다. 제품의 품질은 갈수록 떨어지고 노사 갈등이 심화되어 직원의 사기도 바닥까지 떨어졌다. 전혀 미래가 보이지 않는 상황이었다.

그러나 이렇게 암울했던 로버는 현재 세계에서 가장 생동감이 넘치는 자동차 기업으로 재탄생했다. 최근 몇 년간 세계 시장 판매량이 2배 이상 증가한 가운데 북미와 유럽에서는 공급이 달릴 지경이다. 흑자 전환 실현을 넘어서 막대한 이윤을 창출했다. 직원 만족도와 생산성 역시 사상 최대치에 도달했고, 현재도 계속 상승세를 타고 있다.

그레이엄 데이Graham Day 경은 로버가 절체절명의 위기에 빠졌을 때 중임을 맡았다. 데이는 기업에 대한 투철한 이해와 선견지명으로 로버의 유일한 선택은 '학습조직으로 거듭나는 것'이라고 판단했다.

개혁의 첫 걸음은 1990년 5월 내부에 학습 전담 부서인 RLBRover Learning Business를 개설하는 것에서 시작되었다. 독립된 조직으로서 RLB의 주요 임무는 로버 전체에 학습 분위기를 조성해 회사의 모든 구성원과 모든 부서, 회사의 모든 업무를 학습과 연계하는 것이었다. 또 학습에 필요한 모든 것을 지원했다. **RLB의 지원 속에서 모든 직원과 팀, 부서 그리고 회사는 끊임없이 지식과 노하우를 쌓으며 성장했고, 직원들 간의 교류도 활발해졌다. 그리하여 회사는 끊임없이 성장했다.**

마이크로소프트의 혁신은 사람에 의해 이루어졌다. 거대기업 마이크로소프트의 정규 직원은 겨우 3만 명이다. 그나마 절반은 소프트웨어 개발자이며, 나머지의 3분의 2는 마케팅 기획

자다. 고작 수천 명이 경영과 법률 업무를 담당한다.

마이크로소프트의 가장 가치 있는 자산은 인재다. **거대기업인 마이크로소프트는 더 많은 직원을 고용하는 것보다는 어떻게 해야 직원이 자신의 재능을 더 마음껏 발휘할 수 있을 것인가에 주목한다.**

마이크로소프트는 가장 마이크로소프트에 적합하고 가장 잠재력이 있는 직원을 신중하게 선별하여 채용한다. 이 때문에 마이크로소프트의 직원 채용 기준은 매우 엄격하다. 매년 인재를 채용하기 위해 미국 전역의 50개 대학교를 직접 방문한다. 인사담당자가 방문하는 곳은 미국 명문 대학은 물론 지방 단과대학도 포함되며, 해외 단과대학도 빠뜨리지 않는다. 마이크로소프트는 갓 대학을 졸업한 인재를 특히 선호한다. 막 캠퍼스를 벗어난 젊은 피의 참신함과 도전 정신이 마이크로소프트와 잘 맞는다고 생각하기 때문이다.

이러한 젊은 피가 마이크로소프트의 신제품 개발은 물론 혁신에 새로운 견해를 제시하고, 마이크로소프트의 발전 이념과 소프트웨어 개발의 정신을 끝까지 지켜나갈 수 있을 거라고 믿는다. 이뿐이 아니다. 마이크로소프트는 기존의 관념을 허무는 인재 특별채용팀을 조직하여 우수한 인재를 신속하게 발견하여 채용한다.

마이크로소프트의 업무는 절대로 만만하지 않지만, 회사를 떠나고자 하는 직원은 많지 않다. 마이크로소프트에서는 배우고 싶은 것은 무엇이든지 배울 수 있고, 하고 싶은 일이 있다면 어떤 제품이든지 다루어볼 수 있기 때문이다. 마이크로소프트는 이기적이지 않다.

모든 정보를 직원과 공유하면서 직원이 최대한 발전할 수 있도록 돕는다. **정보의 개방은 마이크로소프트가 개척한 독특한 인재 육성 방식이자 잠재능력 계발 방식이다.**

인적자원 관리 분야에서 직원 교육은 극히 중요한 부분이다. 많은 직원들이 일자리를 선택할 때 이 부분을 중요하게 검토한다. 직원의 경력 개발 경로를 좌우하는 교육은 물론 마땅히 누려야 할 권리이기 때문이다.

기업이 직원을 교육하는 이유는 교육을 통해 직원의 직무 능력을 강화하고 종합적인 소양이 향상되면 기업의 경쟁력도 강해지기 때문이다. 직원 역시 기업에서 자신의 경력이 발전하기를 기대하고 중요한 직책을 맡게 되기를 갈망한다. 기업의 직원 교육은 분명 직원에게도 얻기 힘든 기회이므로 교육을 받는 것 자체가 자신에게 큰 동기부여가 된다.

결국 직원 육성은 기업과 직원 모두에게 이득이다. 기업은 이를 위해 비용을 지출하기는 하지만, 더욱 높은 소양과 잠재력을 지닌 인재를 얻을 수 있다. 또 직원은 기업의 인재 육성 과정을 통해 성장할 수 있다. **직원은 기업의 가장 중요한 자산이자 가장 능동적이고 적극적인 자산이다.**

구글의 업무 환경은 훌륭하다. 직원은 어디에서 살든지 상관없이 무료 셔틀을 타고 출퇴근하고, 사내에 입점한 테크스톱 Techstop이 24시간 기술 지원을 하므로 전자기기에 문제가 있을 때마다 최우수 IT 전문가에게 지원을 받을 수 있다. 무료로 음식을 제공하는 카페테리아도 25곳이나 마련되어 있어 약 45미터만 이동하면 즉시 음식을 먹을 수 있다. 직원들은 카페테리아에서 식비도 아끼고 직원들과도 더 친밀하게 지낼 수 있다고 말한다. 이뿐만 아니라 애완동물을 데리고 출근하는 것도 허용한다. 이렇게 구글의 직원들은 즐겁고 쾌적한 업무 환경과 분위기 속에서 일한다.

구글은 육아 복지 제도도 훌륭하다. 새롭게 부모가 된 직원에게 충분한 기간의 육아 휴직을 허용한다. 첫 출산을 한 여자 직원은 18주, 남자 직원은 12주나 육아 휴직을 쓸 수 있는데, 이는 다른 기업들에서 규정한 기한을 훨씬 뛰어넘는 휴직 기간이다. 또 매월 신생아 파티를 열어 예비 부모에게 육아 방법을 교육하기도 한다. 구글이 '아기와의 친밀도를 높이기 위한 비용'이라고 부르는 500달러의 출산 지원금도 있다. 직원은 이 지원금을 활용하여 아기가 태어난 뒤 몇 개월 동안 세탁, 청소, 정원 관리 등의 비용을 충당할 수 있다.

구글의 실적과 혁신 능력은 회사가 제공하는 복지와 밀접하게 연관되어 있다. **구글의 복지는 모든 직원의 가능한 수요를 충족시켜 직원이 근심걱정 없이 안심하고 업무에 매진할 수 있도록 해준다. 복지마저도 혁신적인 분위기 형성을 촉진하고 있는 것이다.**

어쩌면 복지는 직원의 가장 원시적인 동기일 수도 있다. 복지는 인적자원관리부의 임금 관리의 하나로 매우 중요한 업무에 해당한다. 금전적인 형태의 보수가 아닌 복지는 직원에게 동기를 부여할 뿐 아니라 직원의 이직을 막는다는 점에서 큰 효과가 있으므로 간과할 수 없다.

알리바바 그룹의 마윈 회장은 그룹 창립 10주년 기념식에서 이렇게 말했다.

"지난 10년간 알리바바는 직원과 고객이라는 단 두 가지의 상품만을 운영해왔습니다. 우리는 첫 번째는 고객, 두 번째는 직원, 세 번째는 주주라는 원칙을 영원히 고수할 것입니다. 월스트리트의 모든 투자자가 욕해도 상관없습니다. 우리는 영원히 이 원칙을 지키겠습니다."

알리바바에는 수많은 사업부서가 존재하지만, 조직구조의 변화가 빠르고 엄격한 위계질서도 없다. 부사장급 이하의 관리자는 독립된 사무실이 없고, 각 사업부서의 책임자와 팀은 한 사무실에서 조직 구분 없이 자유롭게 소통한다. 이런 환경에서 직원은 위계질서와 권력의 부담을 느끼지 않고 자신의 의견을 마음껏 제안할 수 있다.

알리바바는 다양한 유형과 성격의 직원들이 자신에게 적합한 경력 경로를 선택해 자아를 실현할 수 있도록 교육과정을 마련했다. 직원의 경력 발전 경로는 기업의 획일적인 기준에 따라 정해지기보다는 직원의 주관적인 의지와 기업의 필요가 맞물려 정해져야 한다. 알리바바의 이런 교육 방식은 직원의 자아실현 욕구를 충족시키고 직원은 이로 인해 행복감을 느낀다.

직원의 가치를 존중하는 성향이 뚜렷한 기업의 자산 수익이 동종 업계의 다른 기업보다 3배나 높다고 지적했다. 또 행복한 직원의 병가 일수가 불행한 직원의 10분의 1에 불과하며, 행복한 직원이 더 오랜 시간 자발적인 의지로 일하고, 더 많은 노력을 업무에 쏟는 것으로 나타났다. 여러 조사 결과가 공통으로 증명하는 사실은 직원의 행복감 증진이 기업의 성공에 매우 중요한 역할을 한다는 것이다.

• 자발성을 이끌어내는 비움의 리더십 ─────

● ◆ ◆

중국 역사상 가장 자발적이었던 조직은 칭기즈칸의 군대다. 테무진이 정교하게 조직한 원의 정예군은 한때 유럽의 다뉴브 강까지 정복할 정도로 강성했다. 사람들은 모든 게 테무진의 천부적인 군사적 재능 덕분이라고 여긴다. 그러나 테무진이 뛰어난 개혁가이자 경영가라는 사실은 아는 사람은 많지 않다.

초원의 여러 부족들은 테무진이 등장하기 전까지는 극소수의 귀족과 소수의 평민 그리고 다수의 노예로 구성된 계급사회였다. 귀족이 일으킨 전쟁에서 승리하면 전쟁은 약탈로 돌변했다. 소규모 부족은 대개 각자가 약탈하는 만큼 가질 수 있어서 종종 전투보다는 전리품 탈취에 더 몰두했다. 비교적 규모가 큰 부족은 족장에게 모든 전리품을 바쳐야 했고, 족장은 전리품의 대부분을 차지한 뒤 아주 적은 양만 부족민들에게 나누어주었다. 이 때문에 부족민들은 전투에 대한 열의가 미지근했고, 불공평한 분배로 인해 종종 내분이 발생했다.

그러나 테무진이 등장하면서 상황이 변했다. 그는 전리품 분배 비율을 엄격하게 정해 모든 사람이 전투에서 형평에 맞는 이익을 얻을 수 있도록 했다. 가장 눈에 띄는 부분은 테무진이 가져가는 비율이 10퍼센트에 불과했다는 점이다. 노예의 자녀에게도 재산 상속권이 있다는 점도 눈에 띄는 대목이다. 이런 분배 제도가 시행되면서 잠재되어 있던 생산력이 크게 분출한 것은 물론 실제 참전자들이 칸보다 더 많은 이익을 얻게 되었다.

뛰어난 전사는 큰 전투에 한 번 참여하면 가족의 운명을 통째로 뒤바꿀 수 있었다. 그래서 군사들은 점점 테무진을 위해서 싸우기보다는 자신을 위해서 싸우게 되었다. 그러니까 테무진을 위해 싸우는 것이 곧 자신을 위해 싸우는 것이었다.

모든 구성원이 앞 다퉈 선봉에 서서 공을 세우려 하는 전대미문의 강력한 군대는 이렇게 형성되었다. 반면에 이런 군대를 상대해야 하는 송·금의 군대는 일정한 급료를 받는 조직이었다. 가만 있어도 일정한 급료를 받는 군대와, 반드시 싸워 이겨야 보수를 받을 수 있어 전쟁에 '운명'을 건 잔혹한 군대의 싸움은 이미 승패가 정해진, 싱거운 싸움이었다.

이 시기의 테무진은 빈손이었지만 오직 새로운 게임의 법칙으로 사람들의 마음을 얻었다. 테무진이 분배 방식을 혁파하여 얻은 성과는 성장형 회사에게 하나의 방향을 제시한다. **직원이 지분이나 주주권을 보유하도록 하는 장려 방안은 팀의 자발성과 전투력을 끌어올리는 데 매우 중요하다는 것이다.**

기업은 이제 수량과 임무에만 집착하면서 직원의 자발적인 참여 유도에는 소홀히 했던 과거의 방식에 변화를 줘야 한다. 인권에 대한 존중이 없을 뿐더러 직원이 자발적으로 자아 가치를 실현하도록 유도하지도 못하기 때문이다.

따라서 4차 산업혁명 시대 기업의 중요한 과제는 직원이 수동적인 업무 태도에서 벗어나 적극적이고 자발적으로 업무에 참여해 주도적으로 문제를 해결하도록 유도하는 것이다. 이것은 기업에 기회이자 도전이 될 것이다.

개미 무리의 80퍼센트는 성실히 일하고, 20퍼센트는 이곳저곳을 돌아다니기만 할 뿐 일은 하지 않으면서 게으름을 피우는 것으로 알려졌다. 그러나 식량 공급처가 사라지거나 개미집이 파괴되었을 때 부지런한 개미들은 속수무책이 되었다. 오히려 게으름을 피우던 개미들이 미리 정찰해 두었던 새로운 식량 공급처로 무리를 인도했다. 게으른 개미들이 사라지기라도 하면 온 개미 무리가 혼란에 빠졌다.

게을러 보였던 개미들은 사실 게으름을 피운 게 아니라 이곳저곳을 정찰하고 연구하는 데 시간을 투자했던 것이었다. 이처럼 **한 마리의 게으른 개미가 전체 개미 무리의 생존을 좌우하는 현상을 '게으른 개미 효과'라고 한다.**

중국 춘추시대에 시작되어 1000년 가까이 지속된 문객 문화는 '게으른 개미 효과'를 풍부하게 보여준다. 춘추시대 제나라 출신의 풍훤은 몹시 가난해서 노모를 봉양하기 어렵게 되자 맹상군에게 몸을 의탁하고자 면접을 보았다. 면접관으로부터 풍훤에게 재주라고 할 만한 것이 없다는 말을 들은 맹상군은 오히려 풍훤을 문객으로 받아들였다. 그러나 풍훤은 딱히 하는 일도 없으면서 맹상군에게 좋은 음식을 달라, 타고 다닐 수레를 달라, 노모 봉양에 필요한 재물을 달라는 등 요구만 많았지만 맹상군은 선선히 다 들어주었다.

풍훤이 한 유일한 일이라고는 맹상군의 빚을 받아내기 위해 설성薛城으로 간 것이다. 그러나 그는 빚을 받아내기는커녕 설성의 모든 빚 문서를 불태워버리고는 맹상군의 분부라며 거짓말을 했다. 그렇잖아도 맹상군의 부지런한 식객들과 부하들은 진즉에 풍훤을 곱잖게 보았는데 이 일로 더욱 배척하게 되었다.

그러나 제나라 민왕이 맹상군의 '개미굴'을 파괴하여 모든 식객이 앞 다투어 맹상군을 떠나갈 때 풍훤만은 맹상군 곁을 지켰다. 그는 선견지명으로 설성의 민심을 미리 사두었을 뿐만 아니라 위나라의 힘을 빌려 맹상군의 지위를 되찾았다. 그리고 봉토인 설성에 종묘를 세워 위기에 처했을 때 모면할 수 있는 방도를 미리 마련해두는 큰 공을 세웠다.

예나 지금이나 신출귀몰한 지혜의 화신으로 칭송받는 제갈량이 대업을 이루지 못하고 병사한 건 '게으른 개미의 법칙'을 몰랐기 때문이다. 그는 재상으로서 해야 할 정책, 법률, 행정 등의 굵직한 업무는 물론 군을 통수하는 최고사령관 역할도 겸했다. 전쟁터의 최전방에서 전투를 지휘할 때는 적군과의 교전을 진두지휘하고 군의 각종 대소사도 도맡아 처리했다. 곤장 20대의 소소한 형벌까지도 직접 관장할 정도였다. 결국 필생의 꿈을 남겨둔 채 전쟁 중 과로로 병을 얻어 죽었다.

모든 조직에는 많은 시간을 정찰과 연구에 할애하는 게으른 개미들이 필요하다. 그들은 조직과 기업의 취약점을 찾아내고 한층 더 발전할 수 있는 방향과 전략을 제시하며, 모든 구성원의 생존에 필요한 근본 대책과 경쟁 우위를 모색한다. '개미굴'의 운명은 그들의 손에 달렸다.

《서유기西遊記》에 등장하는 삼장법사 일행은 원대한 목표를 실현하기 위해 다양한 난관을 극복한 끝에 진경眞經을 손에 넣는다. 삼장법사는 속세를 초월한 불제자로, 무애無碍의 지혜와 결연한 의지로 경전을 구하는 데 나선 것으로 알려졌다.

삼장법사는 겉으로는 온유해 보이지만 불굴의 의지로 서천西天을 향해 나아갔고, 결코 중도에 포기하거나 물러서는 법이 없었다. 그는 도량이 넓어서 손오공처럼 종종 대들고 말썽을 피우는 제자도 덕으로 다스리면서 공정하게 대우하고 사사로이 원한을 품지 않았다. 이 때문에 제자들은 삼장법사를 진심으로 존경했다. 이것이 바로 삼장법사의 위엄이었다.

또한 항상 기율을 준수하는 데 앞장서며 모범을 보였고, 어려움 앞에서는 거리낌 없이 자신을 희생하고자 했다. 요괴를 만날 때마다 그가 하는 말은 "누군가를 잡아먹어야 한다면 나를 먹어라!" 였다. 삼장법사의 인격은 세 제자의 마음을 천천히 사로잡아 마침내는 그를 우러러보게 만들었다. 이것이 바로 리더로서 그의 매력이었다.

직원에게 자유롭게 일하고 주체적으로 자신의 능력을 발휘할 수 있는 여지를 주는 것은 리더가 직원을 독촉했던 과거의 업무 형태와는 하늘과 땅 차이다. 스마트 시대에 팀은 그저 직원이 자발적으로 능력을 발휘하도록 이끄는 시작에 불과하다.

◦ 주인의식을 심어주는 '벽 없는' 리더십

사우스웨스트항공에서는 관리자나 CEO 모두 서비스의 최전선에서 일한다. 그러나 일반 직원도 직원이라는 이유만으로 권리를 박탈당하지 않는다. 사우스웨스트항공은 문제를 해결할 때 직원의 판단을 매우 중요하게 여기며, 실제 현장에서도 능동적이고 적극적으로 문제 해결책을 찾아야 한다고 강조한다.

사우스웨스트항공의 경영진은 개방적인 정책을 바탕으로 현장 서비스 직원에게 좀 더 가깝게 다가가 현장 업무에 직접 참여하면서 서비스 직원의 목소리에 귀 기울인다. 그리고 현장 서비스 직원들의 업무를 존중하며 지원을 아끼지 않는다. 게다가 무례한 고객에게는 징계를 내릴 수 있도록 허용하기까지 한다. **직원은 업무 현장에서 발언권, 관리권을 충분히 누리면서 존중받으므로 진심으로 직장을 자신의 집으로 여긴다. 그 누가**

자신의 집을 위해 최선을 다하지 않을 수 있겠는가?

바로 이것이 다른 기업이 적자를 낼 때 사우스웨스트항공만
은 적자를 내지 않는 가장 근본적인 이유일 것이다. 다른 항공
사들도 사우스웨스트항공과 같은 기종의 비행기를 소유했고,
비슷한 재고관리 모델을 운영한다. 그러나 단 하나, 사우스웨
스트항공과 같은 인적자원을 보유하지는 못했다.

관료제에서는 직원의 발언권과 감독권이 효율적으로 작동하
지 않는다. 마치 직원의 입에 자갈을 물린 것처럼, 자신의 생각
을 상부에 제대로 전달할 수가 없다. 잭 웰치가 GE의 CEO로 있
을 당시 GE에는 총 40만 명의 직원이 있었다. 그중 관리자만 5
만 명이었고, 상급 관리자는 500명, 부회장 이상의 임원은 130
명에 달했다. 제품 생산 공장에서 CEO에게 보고가 전달되기까
지 모두 12단계가 넘는 결재 라인을 거쳐야 했고, 보고 내용도
온통 형식적인 것뿐이었다.

잭 웰치는 최고경영자에 오르자 개혁의 칼을 휘두르며 GE의
조직구조를 대대적으로 개편했다. 1981년에서 1992년까지 350
개 이상의 부서가 폐지되었다. 부회장 직급마저도 예외 없이
130명에서 13명으로 대폭 감축되었다. 대대적인 다이어트 끝

에 GE는 현재의 34개 관리 등급 체제로 거듭났다. 웰치의 말 그대로 관리층이 줄어들자 관리가 더 잘 되었다. 이로써 직원들이 현명한 의견을 제시할 수 있는 길도 더욱 가까워졌다.

그러나 더욱 중요한 것은 웰치가 '벽 없이' 소통할 수 있는 분위기를 GE에 조성했다는 점이다. **관료제의 경직된 분위기를 희석시킨 자유로운 소통 분위기 덕분에 직원들은 자유롭게 자신의 발언권을 행사하며 하고 싶은 말을 마음껏 할 수 있게 되었다.** 잭 웰치가 벽 없는 조직 이론을 제시한 이후로 많은 학자들이 소통, 원활한 소통, 벽 없는 소통에 주목하기 시작했다. 이에 따라 벽 없는 소통은 중요한 이론으로 자리 잡게 되었다. 이 이론은 소통과 좋은 아이디어를 가로막는 모든 장벽을 무너뜨려야 한다고 강조한다.

GE의 워크아웃 운동도 바로 그런 목적으로 펼쳐진 것이다. 워크아웃의 효과는 "직원의 신뢰를 얻고, 직원에게 권력을 부여하고, 불필요한 업무가 사라지고, 평등하고 자유롭고 진솔한 기업 문화가 조성된 것"으로 정리된다. 특히 소통 시스템으로 기업 내에 존재했던 장벽이 무너지고, 부서와 부서, 사람과 사람 사이를 가로막고 있던 벽이 해체되면서 벽 없는 기업 문화가 형성된 것이 고무적이다.

오늘날 기업 경영진의 최대 과제는 기발한 혁신이 샘솟는 조직구조를 형성하고, 혁신이 일어나도록 자극하는 새로운 환경을 조성하는 것이 되었다. 이에 따라 다양한 형태의 혁신 경영 방식이 출현하고 있다.

3M이 직원의 혁신 역량을 최대한 끌어낼 수 있는 이유는 내부 시스템을 통해 전력으로 직원의 혁신을 지원하기 때문이다.

3M만의 독자적인 종신고용제도 역시 직원의 혁신을 촉진한다. 기술연구원을 포함한 3M의 모든 직원은 연공 중심, 즉 연구기술직을 포함한 모든 직원은 기본적으로 연공 승진과 종신고용 대우를 누린다. 그래서 3M의 직원이 정년퇴임 전에 퇴사하는 경우는 극히 드물다.

결국 3M의 일련의 조치, 시스템, 동기부여 체계 등으로부터 3M의 직원은 자유롭게 생각하고 생각을 과감하게 행동으로 실천하면서 혁신을 끝까지 실현할 동력을 얻는다. 3M의 기업 가치관 역시 어떠한 종류의 신제품을 구상하더라도 모두 수용하는 것을 원칙으로 한다. 직원의 혁신 역량은 이런 환경에서 극대화된다. 이는 3M이 헤아릴 수 없이 많은 혁신을 이루어올 수 있는 근본적인 이유를 보여준다.

위에서 말한 3M의 시스템은 확실히 직원 저마다가 혁신 권력을 실현하는 데 중요한 역할을 하지만, 그것은 정작 말하고자 하는 핵심이 아니다. 3M의 모든 혁신 시스템 중에서 가장 강조하고 싶은 핵심은 바로 '실패를 허용하는 것'이다. **3M의 인재는 혁신을 시도하여 실패하더라도 임금, 대우, 승진에서 불이익을 받지 않는다. 이 때문에 직원은 뒷일에 대한 걱정 없이 과감하게 혁신을 시도한다.**

실례로, 라인테이프는 개발 당시 여러 번의 실패를 겪은 제품이다. 회사는 실패를 거듭하는 연구원을 질타하기보다는 오히려 더욱 격려하고 지원했다. 실패를 용인하는 분위기에서 연구원은 테스트를 반복한 끝에 마침내 성공적으로 라인테이프를 시장에 출시했다. 이 제품은 출시하는 즉시 3M의 핵심 제품으로 자리 잡았다. 매년 회사에 수억 달러의 매출액을 올리는 데 기여한다.

혁신을 원한다면 왜 실패를 허용해야 할까? 3M은 실패와 실수를 허용하는 혁신적인 분위기의 지식 업무 환경을 조성하기 위해 최선을 다한다. 혁신의 성과는 아름답지만 성과를 만들어가는 과정에는 많은 난관이 존재한다. 그러므로 혁신을 추진하려면 모험을 장려하고 실패를 허용해야 한다. 그러나 동일한 실수의 반복은 허용하지 않는다. 이것은 이미 3M의 기업 문화

이자 분위기로 자리를 잡았다.

중요한 것은 기업의 문화와 분위기다. 체계적인 관용을 전제로 실패를 허용하는 문화와 분위기가 긍정적인 효과를 불러오는 힘이다. 이는 인재를 과감하게 혁신에 도전하도록 이끈다. 실패로부터 배우는 것이 혁신의 성과를 훨씬 높일 수도 있다.

줄탁동시의 마음, 박항서표 '사랑'의 리더십

박항서, 이 한국인 감독을 향한 베트남인의 환호와 열광이 달아오르다 못해 심장이 데일 만큼 뜨겁다. 어쩌면 2002년 한국인이 히딩크 감독에게 보냈던 열광을 넘어서는 신드롬이다.

물론 여기에는 그가 베트남 축구 국가대표팀을 이끌고 이룬 변화와 업적이 가장 크게 작용했겠지만 그것이 다는 아닐 것이다. 그가 만약 '냉혹한' 승부사로서 당장의 성적만을 위해 선수들을 호되게 몰아쳐서 그런 성과를 낸 것이라면 능력은 인정하겠지만 이토록 열렬한 환호와 애정을 보이지는 않았을 것이다. 그렇다면 그는 무엇으로 선수들의 '파파'이자 베트남 국민의 '영웅'이 된 걸까.

2017년 10월 베트남 축구 국가대표팀 감독을 맡은 박항서는 불과 두 달 후에 숙적 태국을 상대로 '10년 만의 승리'를 거뒀다. 그로부터 한 달 후에는 중국에서 벌어진 23세 이하 아시안컵 대회에서 우즈베키스탄이 대회에서 한국을 4대1로 이김과 연장까지 가는 치열한 설전雪戰 끝에 아깝게 패해 준우승을 이뤘다. 이 대회에서 베트남은 호주, 이라크, 카타르와 같은 강호들을 잇달아 물리침으로써 불과 석 달 전과는 전혀 다른 팀이 되어 있었다.

베트남 축구 팬들은 물론 선수 자신들조차 생각지도 못한 엄청난 '역사'가 일어난 것이다. 대체 박항서 감독과 선수들 사이에 무슨 일이 있었던 걸까.

사실 베트남 축구 국가대표 감독직은 '외국인 감독의 무덤'으로 불렸다. 내로라하는 명장들도 채 6개월을 버티지 못하고 짐을 싸야 했다. 2016년에 경질된 일본의 미우라 도시야 감독도 예외는 아니었다. 그러고 나서 베트남축구협회는 2017년 들어 새로운 감독을 선임하기 위해 한국 감독들을 접촉하기 시작했다.

그 무렵 3부 리그내셔널리그인 창원시청 감독을 맡았던 박항서는 팀을 우승으로 이끌었지만 계약 만료로 앞길이 불투명한 상태였다. 앞서 얘기한 대로 박항서는 2002년 히딩크 감독팀의 수석 코치로서 4강 신화를 일군 핵심 주역이였지만 이후 지도

자로서 빛을 보지 못했다. 그는 아시안게임에서 우승하지 못했다는 이유로 1년도 안 되어 국가대표팀 감독에서 해고되었고, 프로팀에서도 그의 능력을 충분히 보여줄 시간은 허락되지 않았다. 잠깐 국가대표팀 감독을 맡은 이후 그가 맡은 프로팀은 대개 지는 데 더 익숙한 하위팀들이었다. 베트남으로 가기 전까지 그는 10년간 한국 축구계에서 잊힌 존재였지만 사실 그는 그 10년간 괄목할 만한 성과^{박항서는 프로팀 감독으로 활동하는 동안 승률 68퍼센트로 전체 감독들 중 1위}를 냈다. 다만 묻혀 있어서 아무도 주목하지 못했을 뿐이었다. 그렇게 묻힌 능력을 들춰낸 이가 DJ매니지먼트 이동준 대표였는데, 그는 베트남축구협회에 박항서를 강력 추천했다.

이렇게 눈 밝은 젊은 사업가의 열의와 위르겐 게데^{독일인} 베트남축구협회 기술위원장의 안목 덕분에 극적으로 베트남 감독에 오른 박항서는 무엇보다 "새로운 축구에 대한 열정"^{위르겐 게데}으로 가득 차 있었다. 그러나 베트남 축구팬들의 반응은 냉담했다. 내로라하는 명장들도 울고 간 자리에 웬 '듣보잡'이 와서 뭘 어쩔 건데, 하는 불만과 업신여김이 팽배했다.

사실 새로운 팀을 맡은 그로서는 선수들을 대하는 방식, 즉 리더십에서는 새로울 것도 없었다. 지금껏 늘 해오던 대로 하면 되었다. 그의 특별한 리더십은 그동안 언론의 조명을 받지 못해 널리 알려지지 않았지만 지도자 생활 내내 몸에 밴 리더십이었다. 그가 어떤 리더십을 가진 지도자인지는 2002년 월드컵의 한 장면이 극적으로 말해준다. 조별 리그 첫 경기인 폴란드전에서 첫 골을 넣은 황선홍이 반기는 히딩크 감독을 지나쳐 박항서 수석코치에게 달려가 덥석 안기는 장면이다.

이른바 '파파 리더십' 으로 불리는 '사랑의 리더십' 이다. 박항서 이전의 감독들은 하나같이 선수들의 능력을 '효율적으로' 쥐어짜 내려고만 했지 먼저 선수들 하나하나의 마음을 헤아리고 다독이려 하지 않았다. 감독과 선수라는 엄격한 위계질서, 즉 가부장적 질서 가운데 높은 벽을 두고 선수들을 기술적 훈련 대상으로만 여긴 것이다. 그러니 선수들은 피동적으로 감독의 지시에 따를 뿐 마음을 열지 못했다. 그런 나머지 베트남 축구 국가대표팀은 풀 죽은 무명처럼 열정이 사라진 팀이 되고 말았다.

박항서는 부임하자마자 이런 상황을 바로 알아차렸다. 그는 선수들을 하나하나 보듬어 안아 다독이면서 서로 마음을 트는 일부터 했다. "체력이 약하다"는 선수들 자신의 편견도 사실이 아니라는 것을 과학적으로 증명해보였다. 베트남 전역을 돌며

유망한 선수들을 발굴하여 팀의 면모를 일신하는 한편, 선수들을 공정하게 대함으로써 누구라도 성실하고 경기력이 좋으면 중용될 수 있다는 믿음을 심어주었다. 그러자 선수들의 기가 살아났다. 저마다 자기 안에 잠자던 열정이 모닥불처럼 활활 타오른 것이다. 그가 선수들을 아버지의 마음으로 대하자 선수들은 그를 아버지처럼 믿고 따랐다. 그야말로 선수들과의 동고 동락同苦同樂이 시작된 것이다.

그리하여 선수들의 잠재력이 기적처럼 분출했다. 박항서 매직의 비결은 '파파 리더십'으로 이미 안에 있는 것을 끄집어내는 데 있지, 없는 것을 보태는 데 있지 않다. 불과 두세 달 동안 무엇을 더 보태고 말 게 있겠는가. **이미 있는 것을 끄집어내는 것은 시간의 문제가 아니라 발상과 태도의 문제다.** 먼저 베트남 리그 내에 묻혀 있는 진주를 발굴하는 데 힘을 기울였다. 자원의 극대화 전략이다. 그리고 선수 저마다의 열정의 심지에 불을 붙였다. 줄탁동시의 전략을 써서 선수들과 더불어 원 팀으로 녹아든 것이다. 부화할 때가 된 병아리가 안에서 나오려고 껍질을 쪼는 것을 '줄'이라 하고, 어미닭이 그 소리를 듣고 밖에서 마주 쪼아 돕는 것을 '탁'이라 한다. 그 줄과 탁이 동시에 일어나야 비로소 병아리가 세상에 나올 수 있다. 박항서는 잠자는 선수들의 혼을 깨워 안으로부터 '줄' 하도록 하고 동시에 밖에서 '탁' 하여 거듭나도록 도운 것이다.

그는 취임 약속대로 "베트남 축구에 축구 인생의 모든 지식과 철학 그리고 열정을 쏟아 부었다." 그 결과 온 베트남 국민이 염원하는 스즈키컵에서 우승함으로 대미를 장식하며 눈부신 2018년을 보냈다. 선수들도 베트남 축구팬들도 더없이 행복한 한 해였다. 대체 '파파 리더십'이 뭐기에 그런 '매직'을 불렀을까.

"경기 전날 감독님과 함께 목욕탕에 갔다. 생일인 선수에게 손편지를 적은 책을 선물해줬다."

박항서의 지도를 받았던 창원시청 선수들의 이야기다. 박항서는 당시 창원시청 선수들에게 정성을 쏟았다. 손수 베트남 선수에게 발마사지를 해주고, 부상을 입은 선수에게 자신의 비즈니스 석을 양보한 파파 리더십은 일찍이 몸에 밴 '천성'이었다. 창원시청 선수들이나 베트남 선수들이나 다 감독의 사랑에 열정이 넘치는 경기로 보답했다. 파파 리더십에 대해 묻는 사람들에게 정작 박항서 자신은 이렇게 말하며 손사래를 친다.

"나는 리더십이 부족한 사람이다. 그저 누구에게나 진정성 있게 대할 뿐이다."

파파 리더십은 구성원을 가족처럼 살뜰하게 대하는 것이다.

가족을 소중하게 여기는 사람은 이미 파파 리더십의 자질이 있다.

최근 TV 코미디 프로그램 〈개그콘서트〉에서 '아재씨'로 뜨고 있는 개그맨 박영진은 특유의 아재개그를 통해 가족의 소중함을 알리고 있다. 그의 아재개그는 촌스러움과 썰렁함을 극사실주의로 묘사하지만 웃음 뒤에 오는 뭉클함이 있다. 그는 "아재개그를 통해 아저씨를 대변하는 부모님 세대와 젊은 세대의 연결고리 역할을 하고 싶다"고 했다. 뒤늦게 결혼한 그에게도 가족은 소중한 존재다.

파파 리더십으로 심금을 울린 이야기는 옛날 역사에도 나온다.

전국시대 위나라 장군이던 오기吳起는 병사들과 똑같이 생활했다. 잠잘 때는 바닥에 아무것도 깔지 않았고 밥도 병사들과 더불어 같은 것을 먹었다. 행군할 때도 자기 군장을 손수 지고 병사들과 같이 걸었다. 앞서 말한 박항서 감독처럼 구성원들과 동고동락한 것이다. 장군이 이렇게까지 해야 할까 싶지만 그는 더한 일도 서슴지 않았다. 한 병사가 종기로 고통스러워하자 그 고름을 손수 입으로 빨아냈다. 나중에 그 병사의 어머니가

이 이야기를 전해 듣고 통곡했다. 그 장군은 과거에도 한 병사의 고름을 빨았는데 바로 남편이었다는 것이다.

"그 일이 있은 후 남편은 용감하게 선두에서 싸우다가 전사하고 말았다. 이제 아들도 그럴 텐데 어찌 통곡하지 않겠는가?"

전장에서 줄곧 이런 파파 리더십을 실천했던 오기는 한 번도 패한 적이 없는 무적의 장수로 이름이 높았다.

6장

디지털 생태계에
임하는 자세

●　●

역사에서 직원의 핵심역량 사용에 실패한 대표적인 사례는 촉한이 마속을 잘못 써서 가정街亭 전투에서 참패한 사건을 들 수 있다.

228년 봄, 제갈량이 위나라로 출정하자 남안·천수·안정 3성은 그 기세에 질려 투항했다. 이에 기세가 오른 촉한군은 군사적 요충지인 가정을 차지하고 선봉대를 보내 지키게 했다. 이때 제갈량은 역전의 명장 위연이나 오의가 아닌 젊은 마속에게 선봉장의 임무를 맡겼다. 마속은 5만 정예군으로 가정에 진을 치고 위군의 공격에 대비했다. 한편, 위의 대장군 조진은 가정을 빼앗기 위해 장합을 선봉장으로 내세워 역시 5만 군사를 출병시켰다.

마속은 안타깝게도 가정에서 제갈량의 작전대로 싸우지 않고 멋대로 행동했다. 게다가 식수원이 있는 산 아래 길가에 진을 치지 않고 산꼭대기에 진을 쳤다. 부장인 왕평이 거듭 만류했지만 듣지 않았다. 가정에 도착한 장합이 산을 포위하고 마속군의 식수 보급로를 차단한 채 공격해 들어가자 마속군은 사방으로 도주하며 뿔뿔이 흩어졌지만, 왕평만은 자신이 지휘하는 부대에 북을 울리라고 명령하며 홀로 진영을 지켰다. 그러자 장합은 복병이 있을 것을 우려하여 더 이상 진격하지 못했다. 덕분에 왕평은 남은 병력을 수습해 철수할 시간을 벌 수 있었다.

마속의 패전으로 제갈량은 중요한 군사적 요충지를 잃어 더 이상 진격할 수가 없었다. 그로 인해 촉한군은 천수를 기반으로 서북쪽에서 위나라를 기습할 기회를 잃었다. 제갈량의 북벌의 꿈도 이로 인해 좌절되었다.

마속의 일화는 실행 역량을 키우기에 앞서 먼저 해야 할 일이 무엇인지를 잘 알려준다. 그것은 자신의 지식, 업무 역량, 성격, 취향, 건강 상태 등을 제대로 파악하는 것이다. 직원이 자신에게 적합한 자리를 모색할 수 있도록 돕는 것은 기업의 중요한 역할이다.

직원의 핵심역량으로는 실행 역량, 혁신 역량, 감시 역량을 들 수 있다. 실상 이 세 역량은 별개가 아니라 유기적으로 연결되어 있다.

지금까지 많은 사람들이 혁신 역량을 타고나는 것이라고 생각해왔다. 창의력의 유전자를 갖고 태어나지 않으면 가질 수 없는 것이라고 생각한 것이다. 하지만 이런 생각은 혁신 역량을 크게 오해한 것이다.

미국의 디자인 혁신 기업 아이데오IDEO를 설립한 톰 켈리와 데이비드 켈리 형제는 30여 년간 혁신 사례를 연구하여《유쾌한 크리에이티브》에 그 성과를 담았다. 형제는 이 책에서 '창조적 자신감' 이라는 개념을 제시했다. **모든 사람은 창의력을 갖췄고 창의력이 혁신의 기초라는 것이 이 개념의 골자다.** 창의력, 혁신은 결코 예술가와 디자이너처럼 창작을 업으로 삼은 사람들의 전유물이 아니다. 사람이라면 누구나 창의력을 가졌고, 혁신적으로 사고할 수 있다. 그것은 우리가 어린 시절 진흙놀이를 하던 때부터, 그리고 크레용으로 그리고 싶은 것들을 마음껏 그릴 때부터 우리에게 있었다.

사실 혁신은 사유의 성향과 방식을 뜻하는 경우가 많으며, 새로운 방식으로 문제해결책을 모색하는 적극적인 전략으로도

볼 수 있다. 뭐든지 유용하기만 하면 그것은 혁신을 이룬 것으로 칠 수 있다. 모든 사람은 창의력을 갖췄고, 창의적으로 구상하고 혁신적으로 생각할 수 있다. 모든 사람이 예술가가 될 수 있는 것은 아니지만, 창의적이고 혁신적으로 생각하는 직원이 될 수는 있다. 앞에서 살펴본 텐센트와 3M의 직원들은 다들 창의력과 혁신 능력이 충만하다. 모든 세부 사항을 바꾸고 혁신하는 데 거리낌이 없다.

1970년대에 자아효능감을 처음으로 제시한 사람은 미국의 심리학자 알버트 반두라다. 자아효능감은 개인의 내재적인 동기로 자신이 보유한 자원에 대한 확신이며, 임무와 행위를 완수할 수 있다는 자신감이다. 이후의 학자들이 여기에 창조력이라는 개념을 보태어 창조적인 분야에 종사하는 사람들을 대상으로 하는 '창조적 자아효능감'이라는 개념을 제시했다. 창조적 자아효능감은 개인의 창조적인 활동을 얼마나 효율적이고 높은 수준으로 해낼 수 있는지를 직접적으로 좌우한다.

그렇다면 기업은 어떻게 해야 직원의 창조적 자아효능감을 높여 창의력을 강화할 수 있을까?

현실과 동떨어진 칭찬을 남발하면 직원이 좌절했을 때 자신에 대한 다른 사람이나 스스로의 평가가 실제 능력과 너무 큰 차이가 있음을 깨닫게 된다. 이는 직원의 자아효능감 향상에 그다지 도움이 되지 않는다. 오히려 직원의 자신감을 꺾을 수 있다. 따라서 관리자가 직원을 격려할 때는 사실을 바탕으로 해야 한다. 언어적인 설득은 외부 조건에 속하므로 외부 동기를 유발한다. 관리자가 해야 할 일은 객관적인 언어로 직원을 설득하는 것이다. 또 외부 동기를 내부 동기로 전환하여 직원이 안정적인 자아효능감을 형성할 수 있도록 이끌어야 한다.

직원의 감시 역량은 발언권을 행사하여 기업을 감시, 판결, 조사하는 역량이다. 인터넷 기술을 기반으로 하는 뉴미디어는 대중에게 사회적 사안과 민주적 경영에 더욱 깊이 참여할 수 있는 자유롭고 개방된 플랫폼을 제공하고 있다. 그러면서 위에서 아래로 흐르는 전통적인 발언 체계는 허물어졌고, 민중의 발언 기회가 확대되면서 권력의 증식이 일어났다.

현무문의 변玄武門之變 이후 진왕 이세민에게 누군가가 동궁의 관원 위징을 고발했다. 그는 이밀과 두건덕의 봉기군에 동참했고, 그들의 거사가 실패한 후에는 장안長安에서 태자 이건

성과 일을 도모했다. 이건성에게 진왕을 죽이라고 권유한 적도 있었다. 진왕은 고발을 듣고 즉시 사람을 보내 위징을 체포했다. 위징이 잡혀오자 진왕은 근엄한 표정으로 물었다.

"너는 왜 우리 형제 사이를 이간질했느냐?"

대신들은 진왕이 위징을 징계하려는 줄 알고 손에 땀을 쥐었다. 그러나 위징은 조금도 당황하지 않고 태연하게 대답했다.

"태자께서 제 말을 듣지 않으신 게 너무 안타깝습니다. 그랬다면 오늘 같은 일은 없었을 것입니다."

진왕이 듣고 있자니 위징의 인물됨이 매우 솔직하고 담력이 있어 보였다. 그래서 위징을 처벌하지 않고 도리어 온화한 표정으로 이와 같이 말했다.

"이미 지나간 일이니 다시 거론하지 마라."

진왕 이세민은 황위에 오른 후 위징을 간의대부諫議大夫에 제수하고, 현무문의 변에서 이건성과 이원길의 편에 섰던 수하들도 중용했다. 원래 진왕부에 있던 관리들은 이를 용납하지 못하고 뒤에서 자기들끼리 뒷말을 속닥거렸다.

"우리가 황상과 함께한 세월이 몇 년인가? 그런데 지금 황상은 우리가 아닌 동궁과 제왕부 편에 섰던 사람들에게 관직과 작위를 내리고 있어. 이게 말이 되는가?"

재상 방현령이 이 사실을 태종에게 고하자 태종이 웃으며 말했다.

"조정에서 관리를 기용하는 것은 나라를 다스리기 위해서이니 마땅히 우수한 인재를 기용해야 하네. 어찌 인간관계를 인재 등용의 기준으로 삼을 수 있겠는가? 새로운 인물과 오래 알고 지낸 사람 중에서 새로운 인물의 재능이 더 뛰어나다면 새로운 사람 대신 오래 알고 지낸 사람을 기용할 수는 없네!"

다들 듣고 아무 말도 하지 못했다.

현대 경영학에서 직원의 간언은 업무와 관련된 건설적인 생각과 정보, 의견을 표출하는 것을 뜻한다. 도전정신과 개선의 의지가 담긴 일종의 조직 시민 행동이다.

직원의 건의는 자신의 감시 역량을 행사하는 중요한 수단이다. 직원의 대부분은 업무 현장의 최전선에서 일하면서 기업의 생산과 경영 상황을 상세하게 파악하고 있으므로 기업에 더욱 참고할 가치가 있는 정보를 제공할 수 있다. **직원들이 제공하는 현장 정보는 경영진이 쉽게 접할 수 없는 정보다. 따라서 직원들의 이러한 건의 행위는 관리자가 놓친 정보를 채워줄 수 있다.** 직원 입장에서는 목소리를 내는 것 자체가 자신의 감시의 책임과 권력을 다하는 것이므로 이를 마땅히 중요한 것으로 여겨야 한다.

직원의 건의는 조직을 긍정적인 방향으로 이끄는 적극적인 행위다. 조직에게 직원의 건의는 경영과 관리에 필요한 의견을 들을 수 있는 행위이며, 조직의 변혁과 혁신을 추진하는 중요한 힘의 원천이다.

● 직원의 행복과 기업의 미래 ─────────

． ● ●

현대적 개념의 기업이 처음 탄생한 1796년 이래로 기업은 250
년에 가까운 역사를 거치며 발전해왔고, 기업 관리자와 직원의
관계도 획기적인 변화를 겪었다.

　우리는 21세기에 태어난 것에 감사해야 할 수도 있다. TV에
서 보이는 17~18세기 노동자의 처지와 비교하면 오늘날의 직
장인들은 기업에서 교육을 받을 수 있고 새로운 업무를 시도할
수 있으며, 다양한 복지 혜택을 누린다. 게다가 더욱 많은 기회
와 권리를 자유롭고 충실하게 누릴 수 있다.

　기업 경영의 역사는 크게 경험 경영, 과학 경영, 문화 경영의
세 단계를 겪으며 발전해왔다. 현시대 기업 경영의 핵심 키워
드인 문화 관리는 사람이야말로 개발해야 할 거대한 잠재력의
자산이라는 인식이 밑바탕에 깔려 있다.

바이두百度의 창립자 리옌훙李彦宏은 직원 7명에 120만 달러의 자본으로 벤처기업을 세워 10여 년 만에 직원 1만 명에 시가 총액 250억 달러가 넘는 세계적인 IT기업으로 키워냈다. 바이두가 눈부시게 발전할 수 있었던 건 구성원을 유기화한 리더 리옌훙의 경영 모델 덕분이다.

리옌훙의 생각에 바이두 같은 IT기업이 전통 제조기업의 가부장적인 경영 방식을 따를 수는 없었다. 그래서 조직의 계층 구조를 네트워크 형태로 변형하여 명령체계 대신 직원들의 민주적인 의사결정에 의해 기업이 운영되도록 했고, 개인의 성과보다 팀워크를 강조했다. 리옌훙은 바이두의 직원이라면 반드시 자기 성찰 능력과 자주성, 믿음과 존중, 업무 몰입 능력을 갖춰야 한다고 여긴다.

바이두 본사 건물로 들어서면 마치 대학 캠퍼스에 온 것처럼 젊고 활기 넘치는 바이두 직원들이 만들어내는 자유롭고 긍정적인 기업의 에너지를 느낄 수 있다.

바이두에게 필요한 것은 이런 분위기다. 직원을 믿는다는 것은 직원을 멋대로 하도록 방치하는 게 아니라 상사가 통제 가능한 범위에서 직원의 자율성과 적극성을 최대한 보장하는 것을 의미한다. 이런 분위기가 형성되면 직원은 자신이 기업에서 중요한 존재임을 인식하여 수동적인 고용자의 위치에서 벗어나 기업의 능동적인 주체로 거듭날 수 있다.

전통 경영에서 관리자의 주요 관리 수단은 외부 통제를 중심으로 한 상여와 징계였다. 그러나 기업 내에서 직원의 지위가 상승하고 노동의 구성 요소 중 지적노동이 차지하는 비중이 커지면서 관리자의 직원 제어 방식은 직원의 자기통제, 자기점검을 유도하는 방향으로 변화했다. **관리자와 직원의 관계가 변화하면서 관리자 역시 지휘자형에서 인재 육성형으로 바뀌고 있다. 이제 관리자는 리더라고 하기보다는 직원의 멘토나 친구라고 하는 게 더 자연스럽다.**

기업과 직원의 고용 관계는 100여 년간 그다지 크게 변하지 않았다. 인류 역사의 노사관계는 다음과 같은 변화의 단계를 거치면서 진화해왔다. 몇 차례의 산업혁명을 겪으면서 세계의 물질적 부가 급속도로 증가하는 한편, 새로운 형태의 생산력이 등장하면서 기존의 생산방식을 뒤흔들었지만, 고용자와 피고용자라는 노사관계의 기본 틀은 크게 변하지 않았다.

이렇게 단단했던 전체 고용시장의 기본 구도가 뒤바뀌기 시작한 것은 인터넷이 출현하고 IT기술이 급속하게 발전하면서부터였다.

모바일 인터넷 시대는 모든 사람이 쌍방향으로 연결되어 소통하는 비즈니스 민주화 시대다. 고용관계가 수평화·고효율화·개방화 추세로 흐르는 것이 기업 현장에서 확인된다. 머잖은 미래에 종신고용제도와 같은 장기 고용관계는 자취를 감출 것이다. 앞으로 조직과 직원의 관계는 어떤 모습으로 변화할까?

링크드인LinkedIn의 창립자 리드 호프만은 **"모바일 인터넷 시대의 기업과 직원 관계는 상업적인 거래관계에서 서로에게 이익을 주는 상생관계로 전환되어야 한다. 상호 신뢰, 상호 투자, 공동 수익 창출의 동맹 관계로 거듭나야 한다"** 라고 역설했다.

기업은 직원에게 '고객의 가치에 충성하고 더 많은 가치를 창출하기만 한다면 기업은 당신에게 더 많은 혜택을 줄 것'이라는 사실을 명확히 알린다. 직원 역시 기업에 '만약 나의 발전과 경력을 도와주기만 한다면 기업이 더욱 성장하도록 일할 것'이라는 메시지를 명확하게 전달해야 한다. 계약기간 동안 기업과 직원은 서로를 믿으며 책임을 다한다. 계약기간 만료 이후에는 재계약 여부를 결정해야 하지만, 설령 재계약을 하지 않더라도 평생 우호관계를 유지한다.

맥킨지의 명성과 사업 실적 역시 모두 전前 직원들 덕분이다. 맥킨지는 전 직원들을 위한 '맥킨지 졸업생 목록' 이라는 데이터베이스를 구축하여 전 직원들의 경력 변동 사항을 수시로 업데이트하면서 우호 관계를 유지한다. 전 직원들은 전 고용주인 맥킨지를 위해 인맥 정보를 제공하고 인재를 추천하기도 한다. 매출 실적을 함께 올려줄 인재를 추천할 때도 있다.

경영학에서 X이론은 "직원은 천성이 게으르므로 엄격하게 감시하고 통제해야 한다" 라고 주장한다. 직원을 강제로 속박하려는 기업의 가치관을 적나라하게 드러낸다. 직원의 출퇴근 체크 제도 역시 기업의 이러한 가치관에서 탄생했다. 그렇다고 직원이 정말 8시간 내내 성실히 일만 할까?

일부 직원들의 태도에서 그 답을 찾을 수 있다. 2014년 4월 초에 미국의 한 온라인 매체는 '프랑스인의 게으름' 을 은근히 비판하는 내용의 기사를 보도한 적이 있다. 실상은 미국인도 업무 시간의 여러 즐거움을 거부하지 못한다.

페이스북과 트위터의 통계에 따르면 미국인이 가장 자주 인터넷에 접속하는 시간은 업무 시간대다. 업무 시간에 업무에만 몰두하는 게 아니라 친구의 트위터에 글을 남기는 것에 집중력을 쏟은 다음 다시 업무에 몰입한다는 뜻이다. 집중의 대상이 바뀔 때마다 대뇌 활동은 지체된다. 대뇌가 느끼는 부담도 그때마다 가중되어 바쁜 상황에 처한 직원의 창의력 유지에 필요한 에너지를 지속적으로 공급할 수 없게 된다. **장시간 일한다고 해서 높은 효율이 계속 유지되는 건 아니다. 중요한 것은 얼마나 가치 있는 업무 성과를 거두느냐다.**

인터넷의 신속한 발달은 우리에게 전과 다른 새로운 세계를 열어주었고, 더 많은 가능성과 기회를 누리게 되었다. 업무와 생활의 간격도 점차 좁혀지는 추세다. 생활 리듬이 빨라지면서 전통적인 출퇴근 업무 방식이 불필요하다는 인식도 점차 널리 퍼지고 있다. 미래의 직원은 어떤 모습으로 일하고 있을까.

정보기술의 급속한 발달로 조만간 8시간 동안 회사에서 억지로 일해야 하는 관례는 세상에서 자취를 감추고 그 자리를 자유롭고 캐주얼한 근무제도가 대신할 것이다. 그날이 오면 직원은 매일 회사로 출근해야 하는 출퇴근 제도의 강제적 속박에서 벗어날 수 있다. 그저 집에서 회사가 배분한 업무를 수행하기만 하면 된다. 매력적으로 다가오는 미래다.

직원은 사무실에 갇혀서 끝이 보이지 않는 차트를 보지 않아도 되고 조급하게 시계바늘이 퇴근시간으로 향하길 기다리지 않아도 된다. 차들이 빽빽하게 들어선 도로 한복판에서 시간을 보낼 필요도 없다. 업무를 완료한 후에는 일상의 즐거움을 더 많이 누릴 수 있다.

기업이 할 일은 원격으로 일하는 직원에게 노트북을 제공하는 것뿐이다. 더불어 직원에게 믿음과 동기를 부여해야 한다. 인터넷의 발달로 회사와 직원은 동영상이나 다양한 원격통신 방식으로 회의를 할 수 있게 되었다. 이러한 업무 방식은 사무실의 유지 비용도 줄여주니 좋아하지 않을 이유가 없다. 미래에는 이러한 형태의 업무 방식이 대세로 자리 잡을 것이다.

스탠퍼드대학교는 1,000명을 대상으로 한 가지 실험을 했다. 500명에게는 잠옷을 입고 집에서 원격으로 일을 보게 했고, 다른 500명에게는 기존의 방식대로 사무실에서 일하게 했다. 9개월이 지난 후 성과를 측정해보니 잠옷을 입고 일한 직원의 성과가 22퍼센트나 더 높았다. 어떻게 이런 결과가 나왔을까.

이 현상을 설명하려면 X이론의 반대 개념인 Y이론을 불러내야 한다. Y이론은 모든 사람에게 양심과 자성이 있다고 믿는다. 조건만 갖춰진다면 직원은 최선을 다해 업무에 몰두한다.

직원이 일 잘하기를 원한다면 까다로운 관리 제도나 징계 조치만으로는 부족하다. 기업이 정확한 동기부여 수단을 사용한다면 직원은 스스로 자기를 통제하면서 배분된 업무를 완수하고 자신의 잠재능력을 발휘한다. 이러한 Y이론이 기업들에 점차 확산되면서 탄력적 근무제도 더욱 널리 보급되기 시작했다.

기업으로서는 경계 없는 노동시장에서 인재를 발탁하는 것은 망망대해에서 보석 찾기와 같은 일이다. 이제 직원은 직장을 선택할 때 임금만 보지 않는다. 이 때문에 많은 기업이 임금 외에 다양한 형태의 복지 혜택을 제공하기 시작했다.

기업은 더 이상 높은 보수만으로는 직원의 마음을 붙잡아두기에 부족하다. 이제는 기업 문화 구축을 통해 더 풍성한 주변 가치를 직원에게 제시해야 한다.

기업 문화는 기업 경영 철학의 연장선이며, 복지는 가치 분배의 일환으로 기업의 경영 철학을 실천하는 것이다. 기업 문화는 시대의 특징을 뚜렷하게 반영해야 하며 혁신적인 발상을 끊임없이 도입하고, 발전에 도움이 되지 않는 낡은 관념을 제거해야 한다. 그러므로 기업의 복지 역시 시대의 흐름에 따르는 것이 마땅하다.

기업이 아무런 변화 없이 매년 동일한 형태의 복지를 제공한다면 직원은 권태감에 젖어 기업에 반감을 느낄 것이다. 그리고 기업이 자신을 배려하고 신경 쓴다고 느끼지도 못할 것이다. 이런 상황에서 직원은 '내가 왜 이런 기업을 위해 애써야 해?' 라는 의문을 가질 수도 있다. 따라서 복지 혜택은 단순한 보조금 지급, 일회성 모임 개최, 기름 한 통이나 상품권 한 장을 주는 데 그쳐서는 안 된다. 더욱 인권과 개인의 특성을 배려해야 하고 혁신적이어야 한다.

이처럼 기업의 복지에도 혁신이 필요하다. 이것 역시 미래 트렌드의 한 부분이다. 직원이 누리는 혜택이 증가할수록 직원을 속이고 기만하는 것이 불가능해진다.

복지는 양날의 검이다. 기업이 공을 들여 복지 혜택을 마련했는데 직원이 만족하지 않는다면 기업은 투자한 만큼의 성과를 거두지 못하게 된다. 복지 혜택을 통해 직원이 기업의 진심을 느끼고 기업이 준 혜택에 보답하고자 적극적으로 일에 매진한다면 기업은 투자한 만큼의 성과를 거둔 것이다.

발전하기 위해 노력하는 직원이 자기계발에 성공하듯이, 발전하기 위해 노력하는 직원 100명이 모이면 하나의 엄청난 기업이 완성된다. 그러므로 직원의 복지는 곧 기업의 이익이다. 물론 직원마다 생애 경력 계획에 차이가 있고, 임금 수준이나 잠재력, 업무 환경 등이 다르므로 업무에 대한 평가가 엇갈릴 수는 있다. 그러나 경직된 조건과 획일적인 상황에서 특수한 복지 혜택이라는 이 소프트웨어적 성격의 조건은 두드러지는 플러스 요인이 되고는 한다. 따라서 혁신적인 복지 혜택이 미래의 트렌드 중 하나로 떠오르고 있다.

• 모두 함께 가는 기업에 미래가 있다 ────

‹ ✦

오늘날 직원의 현실은 낙관할 수 없다. 직원은 자신의 실력을 충분히 발휘하지 못하고 있다. 갤럽이 발표한 〈2013년 미국 직장 실태 보고서〉에 따르면, 적극적인 태도로 책임감 있게 업무를 완수하는 직원의 비율은 30퍼센트에 불과한 반면에, 50퍼센트의 직원은 불량한 업무 태도를 보인다. 게다가 생산성을 해치는 방식으로 불만을 표출하는 직원의 비율은 20퍼센트에 달했다. 이들은 결근하거나 동료에게 부정적인 영향을 끼치기도 하고, 저질 서비스로 고객을 잃기도 한다. 갤럽은 이들 20퍼센트의 직원이 매년 미국 경제에 끼치는 손실이 5,000억 달러에 달하는 것으로 추산했다.

왜 이런 사보타지 행위를 할까? 갤럽은 형편없는 리더십이 이러한 현상을 초래한다고 결론지었다. 그러나 미국만이 아니라 세계 각국의 관리자 모두 리더십에 어려움을 겪고 있다. 고위 관리자 대부분은 직원의 잠재력과 실제 능력에 너무 큰 차이가 있음을 인식한다. **직원의 재능과 에너지가 최대한 업무에 활용되도록 이끄는 것이 현재 관리자가 직면한 최대 과제다.** 한 CEO는 말했다.

"어느 직급이든 뛰어난 업무 수행 역량을 발휘하고픈 직원이 많습니다. 리더십을 효과적으로 발휘해 이 수많은 자원의 잠재력을 깨운다면 그들은 회사의 큰 자산이 될 것입니다."

그러므로 리더십 방식을 개혁하여 직원과 팀에게 업무에 몰입하고 실적을 높일 수 있는 원동력을 주어야 한다. 리더가 직원을 회사의 전략에 참여하도록 이끌지 못하고 직원의 믿음도 사지 못하고 함께 일하고자 하는 마음을 불러일으키지 못한다면 어떻게 직원이 고객과 거래처를 회사에 유치해오기를 믿고 기대할 수 있겠는가.

우리는 수많은 기업이 허무하게 무너지는 모습을 보아왔다. 코닥은 디지털카메라 시대로 접어들면서 내리막길을 걸었고, 휴대폰 업계의 공룡 기업이던 노키아는 마이크로소프트로 넘어갔다. 한때 업계를 선도했던 모토로라는 소비자 관심 밖의 중소기업으로 전락했다. 휴대폰 제조업계의 다크호스로 떠올랐던 HTC는 불과 1년 만에 정상에서 지옥으로 추락했다. 이런 소식은 귓가에 울리는 경종처럼 우리에게 깊은 물음을 남긴다.

인류 5000년 문명사를 종합해보면 항상 혁신은 소수 엘리트의 전매특허였다. 인류의 문명이 싹트던 시기에 혁신은 한 개인의 우연한 행위에서 시작되었다. 우연한 순간, 우연한 사건에서 영감을 받은 기발하고 총명한 누군가가 새로운 것을 발견하거나 발명해냈고, 이 새로운 성과는 인류의 생산과 생활 속으로 서서히 침투했다. 혁신을 일으킨 선구자는 모두 소수의 지식 엘리트였다.

산업혁명과 함께 혁신의 규모가 커지면서 혁신의 주도권과 통제권은 기업으로 넘어갔다. 기업은 전문적인 연구개발 부서를 편성해 과학자와 엔지니어를 고용하고, 조직적으로 연구개발을 실시하면서 이윤 독점을 시도했다. 기업의 창업 투자를 받고 따로 나와 연구개발 특화 기업을 차린 과학자와 엔지니어도 많았다. **산업화 시대의 혁신은 한 개인이 아니라 기업에 의해 조직적으로 이루어지기는 했지만, 농경시대와 마찬가지로 소수의 지식, 기술 엘리트의 전유물이었다.**

21세기도 무르익어 스마트 시대가 되면서 혁신의 주도권은 점차 소수의 엘리트에서 일반 대중에게로 넘어가고 있다. 기업 내부에서도 IT 엘리트의 일이었던 혁신은 이제 전 직원이 모두 참여해야 하는 일로 흐름이 변화하고 있다. **분명 미래의 기업에서는 모든 구성원이 혁신을 주도하는 주역이 될 것이다.**

플랫폼 조직은 혁신에 공감하는 우수한 직원이 기업에 계속 남을 수 있게 해주고, 가치관을 공유한 직원들을 더 많이 끌어들여서 네트워크 효과를 창출한다. 우수한 직원은 더 많은 혁신 기회를 기업에 가져다주며 혁신 기회는 더 우수한 인재를 기업으로 끌어들인다.

전 직원의 혁신경영 시대가 왔다. 기업 생태계에서 약자가 도태되는 속도에 가속도가 붙는 이때, 기업은 새로운 사고와 능력으로 혁신을 추진해야 한다. 플랫폼 조직 관리는 급변하는 시대에 필요한 경영 가치관이자 조직 능력이다.

기업에 관한 많은 이론 가운데 하나가 '생애주기 이론'이다. 기업의 발전과 성장의 역동적인 자취를 설명하는 이론으로 기업이 거치게 되는 발전, 성장, 성숙, 쇠퇴 단계를 묘사한다.

한때 휘황찬란했던 사업도 시간이 지나면 성장 동력을 상실

한다. 사업 환경이 끊임없이 변하게 마련인 현실 앞에서 기업은 주기적으로 사업을 리모델링할 수밖에 없다. 이렇게 수명을 연장할 수 있는 능력은 사업의 성숙 단계에서 또 다른 발전 단계로 도약할 수 있는 능력이기도 하다. 바로 이 지점에서 기업의 수명이 갈린다. 성숙 단계에서 안주하는 기업은 자연히 쇠퇴기를 거쳐 소멸할 수밖에 없다.

사업을 리모델링하지 못한 기업은 비극적인 결말을 맞게 마련이다. 앞에서도 강조했지만 세계 최초의 디지털카메라는 코닥의 카메라 엔지니어 스티븐 새슨이 1975년에 발명했다는 사실은 잘 알려지지 않았다. 당시 코닥의 경영진은 1만 화소에 불과한 디지털카메라의 시제품을 보고 새슨에게 말했다.

"아주 재미있기는 합니다만 누구한테 얘기하지는 마세요."

코닥은 뛰어난 엔지니어가 없는 것도, 기술력이 부족한 것도 아니었다. 단지 회사 경영진의 통찰력이 부족했다. 당시 소비자의 카메라에 대한 수요는 필요할 때만 찍는 것에서 언제 어디서나 특별한 순간을 기록하는 것으로 바뀌어가고 있었다. 그러나 코닥은 필름 사업의 오랜 독점에 취해 안일해졌고, 혁신에 대한 갈망도 부족했다. 그래서 디지털카메라는 그대로 버려졌고, 사업의 혁신도 일어나지 않았다. 코닥은 그렇게 내리막길을 걸었다.

　기업은 생애주기의 S곡선을 다리미로 펴듯 일직선으로 펴서 벗어날 수 있을까? 물론 가능하다. 생각해보면 시장의 변화나 소비자의 수요 변화를 파악하지 못한 것이나, 실행력에 문제가 생긴 것이나, 문제의 근원은 모두 사람이다. 예를 들어 제품과 소비자와 일선에서 접촉하는 것은 직원이다. 그들은 외부의 변화와 최근의 조짐을 통찰했을 수도 있다. 설령 아주 자질구레한 것이라 해도 그들은 가장 현실에 적합하게 제품을 혁신하고 개선할 수 있다. 즉, **기업이 마이크로 역량의 운용을 극대화한다면 사업과 시장, 실행력 등의 모든 측면이 새롭게 상승세를 타게 되고, 기업은 사망 곡선의 운명에서 벗어날 수 있을 것이다.**
　기업은 적절한 전략을 실행함으로써 생애주기를 연장할 수 있다. 특히 기업의 성숙기를 연장하여 쇠퇴기를 늦출 수 있다. 그러나 생애주기에서 벗어나고 싶다면 기업은 합리적인 인재 육성 시스템을 구축하고 직원의 마이크로 권력을 활용해야 한다.

4차 산업혁명의 패러다임

무엇을 준비하고 어떻게 대비할 것인가

초판 1쇄 인쇄 2019년 02월 21일
1쇄 발행 2019년 03월 11일

지은이 장성철
발행인 이용길
발행처 **모아북스**
MOABOOKS

관리 양성인
디자인 이룸

출판등록번호 제 10-1857호
등록일자 1999. 11. 15
등록된 곳 경기도 고양시 일산동구 호수로(백석동) 358-25 동문타워 2차 519호
대표 전화 0505-627-9784
팩스 031-902-5236
홈페이지 www.moabooks.com
이메일 moabooks@hanmail.net
ISBN 979-11-5849-098-0 03320

이 도서의 국립중앙도서관 출판예정도서목록(CIP)은 서지정보유통지원시스템 홈페이지(http://seoji.nl.go.kr)와 국가자료공동목록시스템(http://www.nl.go.kr/kolisnet)에서이용하실 수 있습니다. (CIP제어번호 : CIP2019006114)

모아북스
MOABOOKS 는 독자 여러분의 다양한 원고를 기다리고 있습니다.
(보내실 곳 : moabooks@hanmail.net)